O meu Alentejo

CHRISTINA AUTRAN

O MEU ALENTEJO

Aventuras e dicas
de uma brasileira no sul de Portugal

EDITORA RECORD
RIO DE JANEIRO • SÃO PAULO
2010

CIP-BRASIL. CATALOGAÇÃO-NA-FONTE
SINDICATO NACIONAL DOS EDITORES DE LIVROS, RJ

Autran, Christina, 1946-
A957m O meu Alentejo / Christina Autran. – Rio de Janeiro: Record, 2010.

ISBN 978-85-01-08889-5

1. Autran, Christina. 2. Mulheres jornalistas – Brasil – Biografia.
3. Alentejo (Portugal) – Descrição e viagens. I. Título.

CDD: 923.281
10-1164 CDU: 929:32(81)

Capa: Carolina Vaz
Imagem de capa: Pedro Gilberto

Texto revisado segundo o Novo Acordo Ortográfico da Língua Portuguesa

Impresso no Brasil

ISBN 978-85-01-08889-5

EDITORA AFILIADA

Sumário

1

Vivendo no Alentejo

Este livro foi escrito durante os anos em que vivemos na nossa casa no Alentejo. Minha ideia foi a de transmitir as boas experiências que tivemos ao longo desse período abençoado, em que pudemos provar intensamente as alegrias de viver no campo, rodeados de uma paisagem arrebatadora em um país que amo. Vivi esse sonho até termos que trocá-lo outra vez pelo burburinho da cidade. Como diria o escritor inglês Tom Stoppard, toda saída de um lugar é a entrada em outro...

Sem a pretensão de ser um guia, o livro é mais um relato apaixonado e impressionista, com sugestões de passeios e programas agradáveis, além de recomendações pessoais de pouso e passadio. O Alentejo, a pouco mais de uma hora de viagem de Lisboa, é uma região adorável de Portugal, cheia de surpresas, que merece mais tempo de desfrute que a habitual fugida para um almoço típico. Tem o jeito da Provença e da Toscana, em idioma português.

O livro é para Carlos, que, ao longo da larga vida que compartilhamos, tem me proporcionado vastas e infindáveis emoções. Como lhe digo de brincadeira, *never a dull moment*! Com ele, nossos filhos Thomaz e Alice, nossas famílias e os inumeráveis amigos do coração, passamos nesta casa momentos inesquecíveis. Sou grata a todos pelas recordações. E a Portugal, meu outro país, que escolhi e que me trata com tanto carinho.

2

Uma casa portuguesa

Ah, o Alentejo. Paixão de muitos anos, com sua paisagem singular e forte que tanto lembra o planalto central brasileiro, por sua personalidade e cores de sol e chuva. Estará o leitor perguntando o que traz uma brasileira a viver sob o céu do Alentejo. Pois esclareço: a culpa é dessa paixão.

Tudo começou no princípio dos anos 80. Foi quando trocamos o *glitter* de Nova York, então o centro do universo, onde vivíamos por razões de trabalho do meu marido diplomata, por uma Lisboa na altura empobrecida, recém-saída de uma revolução. Nossa reação foi de encantamento. A sensação era de volta a casa, com outros contornos. Tudo em Lisboa lembrava o Rio: o Cristo Rei era mais pequenino do que o nosso Redentor; ir a Cascais pela Marginal era outra versão de ir a São Conrado pela Niemeyer; ir ao Martins e Costa no Chiado era entrar novamente na Confeitaria Colombo; sem falar na Charcutaria Brasil, uma volta às Casas Gaio Marti da minha infância. Passear pelo Chiado, então, era para mim uma emoção especial, como ir ao centro da cidade, no Rio, de mãos dadas com minha avó.

E mais: o tomate português, contrastando com o grande, brilhante e insosso nova-iorquino, era feio, sem charme, mas doce, o melhor do mundo. Não foi uma paixão difícil. A conquista foi imediata, ajudada pela boa mesa e o melhor colo dos amigos.

O Alentejo entrou-me de chofre. Nas constantes idas ao Algarve, eu acompanhava os matizes de uma paisagem que sempre me arrebatou. E longe, depois que nos fomos de Lisboa, aquela lembrança encantada fazia perdurar o sonho de uma volta para viver em Portugal. Muitos anos mais tarde, transferidos para a Espanha, reconquistamos nossa alma ibérica.

Há alguns anos nos instalamos na casa que fizemos no Alentejo. Para trás, boas recordações de uma longa e variada vida diplomática, que decidimos trocar por prazeres mais terrenais. Para a frente, a certeza das quatro estações e a alegria de uma boa lareira, compartilhada com amigos. A nossa Quinta da Boa Vista faz a ponte Brasil-Portugal, no coração do Alentejo. O nome do jogo é a volta ao básico, ao bom e ao melhor.

Custo a crer que é minha a oliveira que vejo entrar pela varanda adentro, e todas as suas irmãs, espalhadas ao meu redor. Quando saio pelas tardes, passeando os cachorros entre campos vizinhos de girassol e trigo, sentindo-me parte viva de uma paisagem de Van Gogh, pergunto-me se é mesmo verdade que a casa agora é aqui, no meio deste olival. Como Jacinto de Tormes, personagem de Eça de Queirós em *A Cidade e as Serras*, somos almas que se simplificam — "e qualquer pequenino gozo lhe bastava, desde que nele entrasse paz ou doçura".

Quando estávamos construindo nossa casa em Brasília, à beira do Lago Paranoá, sonhava com o jardim que queria plantar ali, com flores e verduras que eu, debaixo de um chapéu de palha, colheria para dentro de uma bela cesta. Embora a casa tivesse ficado exatamente como queríamos, com um certo ar de casa portuguesa, quando chegou a hora de fazer o jardim, fomos massacrados pela impiedade da secura e da inflação. Mas ficou o desejo de uma casa no campo. E a percepção de que Portugal já estava impregnado no nosso imaginário, viajando conosco até o Brasil.

Depois que passamos a viver na Espanha — onde Carlos, meu marido, foi durante seis anos o embaixador do Brasil —, vínhamos com frequência visitar os amigos portugueses. As viagens de carro, as estradas, a paisagem, a comida, tudo nos encantava. Foi-nos voltando aquela vontade irreprimível: e se voltássemos a viver em Portugal? E se fosse no Alentejo, que tanto adoramos? Este Alentejo pouco conhecido da maioria dos brasileiros — cujo contato se restringe em geral a uma breve visita a Évora com direito a almoço no Fialho —, mas para nós uma terra cheia de encantos e que só nos tem dado prazeres ao longo destes anos, desde que tomamos a decisão de nos instalar aqui.

Depois de toda uma vida de trabalho, regulada pelas horas do relógio e com intensa atividade social, estávamos prontos para dar este mergulho em um outro ritmo, em que há tempo para fruir prazeres simples, como perceber os matizes da luz do dia nos passeios de final de tarde, depois que a chuva lavou o ar. Ou deleitar-se com pequenos detalhes como o estar sentada no sofá da varanda só admirando o mundo animal em ebulição: lebres alertas correndo pelo terreno, perdizes ciscando no campo ao alcance das nossas mãos, passarinhos saltando entre os galhos das oliveiras, abelhas atarefadas em torno das nossas lavandas. Aqui nos movemos segundo nossas apetências: vontade de comer? Comer. Vontade de dormir? Dormir. Vamos passear no campo? Quando a luz do dia e o calor nos convidarem, numa relação de simbiose com a natureza.

Devo dizer que minha paixão por casas não é de hoje. Nas frequentes mudanças ao longo da vida, morei em 11 casas diferentes — sem falar nos 10 apartamentos —, entre Brasil, Inglaterra, Estados Unidos, Espanha e Portugal. Mas como definir a minha relação especial com esta casa que construímos no Alentejo? O sentimento é de que este estilo generoso de vida esteve sempre à minha espera, com seus deleites rurais que tão bem se contrapõem às alegrias da nossa casa carioca, dentro da Mata Atlântica, com os ruídos e cores da natureza tropical. Se penso nas casas da minha vida, o que venho percebendo é que, embora encantada com as delícias da vida urbana, o compasso rural pode ser uma fonte de grande prazer.

Daí que, uma vez tomada a decisão dessa grande mudança, não perdemos tempo. Fomos à internet procurar corretores de terrenos na região e logo marcamos um encontro para ver algumas propriedades. O primeiro terreno que vimos media cerca de 2ha, pequeno para os padrões locais de latifúndios que foram, a maior parte deles, tomados pelos empregados na revolução de 25 de abril de 1974 e posteriormente devolvidos a seus donos. Com uns 150 pés de oliveira, muita luz, tendo como vizinhos terrenos impedidos de construção por pertencerem a áreas agrícolas protegidas, e com a vantagem adicional de já ter sido aprovada pela Câmara Municipal a construção de uma casa. Nos pareceu ideal. Era fevereiro, inverno no calendário, mas aqui já numa primavera precoce, o campo coalhado de flores. Nosso terreno, como o vimos a primeira vez, estava branco, cheio de margaridinhas, como o nome da minha avó, parecendo recoberto de neve. Lindo.

Mas era necessário ver mais terrenos, para termos a certeza de que esse era o que queríamos. Vimos uma série: ora longe da estrada asfaltada, o que requereria para nossas visitas carros possantíssimos, de tração nas quatro rodas, o que nem todo mundo tem; ora em regiões menos favorecidas pela luz; ora com ruínas que implicariam uma casa adaptada e não feita *de raiz*, como tão bem dizem os portugueses. Revimos o primeiro terreno e confirmamos nossas suspeitas: o coração e a razão nos diziam que esse seria o nosso. Embora relativamente mais caro que os demais — por estar a pouco mais de 1km do povoado mais próximo, o preço por metro quadrado acaba sendo maior que num terreno maior, perdido no meio do nada —, estávamos dispostos a pagar por tais confortos extras. Fomos em frente com as providências.

Primeiro, empréstimo bancário, com juros europeus — quer dizer, em torno de 5% ao ano. Negociações, assinaturas, cartório, finalmente tudo acertado, e nós, donos do chamado Ferragial Sete Pernadas. Não estranhe: ferragial é uma das maneiras alentejanas de se referir a um terreno não muito grande. E as sete pernadas? Que não se pense em nada indecoroso — uma pernada é um galho importante que sai do tronco de uma árvore e do qual saem outros ramos menores. Frondosas, as nossas oliveiras!

Mas logo pensamos na possível malícia de amigos brasileiros e tratamos de mudar o nome. Depois de muita papelada e burocracia, somos agora donos da Quinta da Boa Vista, numa referência ao nosso passado ibérico, já que esse era o nome da casa onde a família real portuguesa se instalou ao se mudar para o Rio de Janeiro, em 1808. E temos mesmo uma linda vista: a pouco mais de 1km da vila de Vimieiro, entre Arraiolos e Estremoz e pertinho de Évora, olhamos diretamente para Evoramonte, em cujo castelo foi assinada a Convenção que leva o seu nome e pela qual D. Miguel, irmão de nosso D. Pedro I (IV em Portugal) abdicava de seu desejo de ascender ao trono português. Nós, rodeados de história.

Antes do verão, chegam as subvenções europeias às culturas no campo. Nossos vizinhos aproveitam para plantar campos e mais campos de girassóis, milho, trigo, sorgo, cevada. Nós só olhando, só desfrutando desses quadros que entram por nossas janelas e invadem nosso horizonte. Deleite para nossos cães, que atravessam céleres essas plantações, cheirando e perseguindo lebres, passarinhos, vacas bravas, carneirinhos com cincerros no pescoço, que nos dão imenso prazer de ver e nenhum aborrecimento em cuidar. Estes são guiados por pastores e até mesmo pastoras — as quais, espertas, não ficam como eles a olhar o céu e aproveitam seu tempo ao lado dos animais fazendo crochês, que aplicam depois em cortinas e toalhas de mesa.

Mas tudo foi acontecendo em seu devido tempo. Comprado o terreno, havia que definir o local onde assentaríamos a casa, com os distanciamentos requeridos pela proteção das áreas agrícolas. Decidimos ficar olhando para o leste, pegando o sol da manhã na frente da casa, à maneira do Alentejo, onde as casas isoladas sempre se abrem para o nascente.

Aliás, capítulo à parte aqui é o pôr do sol: no verão, às nove e meia, dez da noite, tinge o céu de vários tons de vermelho e azul, todo um espetáculo para nós, brasileiros, acostumados a céus já escuros em torno das seis, sete da tarde. E o que dizer do céu alentejano estrelado, em noite de lua cheia? Eu adoro!

Bem, local definido. Agora era preciso desenhar a casa, mas, antes de tudo, ter os recursos para construí-la. Outra facilidade europeia: 13 anos para pagar a hipoteca, juros rondando também os 5% ao ano. Vamos em frente. Visitamos obras feitas pelo construtor escolhido, todas nos parecendo ótimas e sólidas. As construções no nosso Concelho — assim se chamam os municípios em Portugal — devem obedecer aos padrões arquitetônicos tradicionais da região: casas brancas com detalhes em azul-anil ou amarelo-ocre. Escolhemos o azul, já sonhando com o vermelho dos gerânios — aqui chamados de malvas, e em Lisboa, de sardinheiras — que no futuro fariam parte do visual da nossa casa. Depois, ficamos sabendo o porquê desses dois detalhes abundantes por aqui. É que tanto o anil como os gerânios vermelhos supostamente espantam mosquitos. Digo supostamente porque, se as hordas de mosquitos que tivemos em nosso primeiro verão foram diminuídas por esses dois pequenos detalhes, me pergunto o que será dos que optaram pelo amarelo?

Mas depois de termos os canteiros do pátio recobertos com os ditos gerânios, acabamos tendo que escolher uma outra opção, pois eles foram acometidos por uma praga que os ressecou por completo. Hoje, nosso pátio recende ao alecrim rasteiro que transborda nos canteiros e floresce todo azul, além dos limoeiros cheirosos que ficam no centro. Os nossos limões são os que chamamos no Brasil de sicilianos, — amarelos, gordos, sumarentos, imensos —, que nos abastecem de matéria-prima para confeccionar geleias, *limoncello*, musses de limão, caldas, conservas e infusões bem portuguesas feitas com sua casca amarelinha. Sem falar nas cascas em tirinhas que coloco na manteiga e no azeite, dando-lhes um sabor todo especial, e nos limões confitados, que ficam meses macerando no sal grosso e depois são utilizados aos quadradinhos, condimentando peixes e julianas de verduras. Tudo, uma festa!

Bisbilhotando pela internet, descobrimos o projeto americano de arquitetura que ganhou o prêmio de melhor casa naquele ano. A partir do seu traçado inteligente, tiramos ideias para a nossa. Assim como dos milhares de revistas de decoração, livros de arquitetura, amigos arquitetos e decoradores, como eu. Fomos fazendo pastas por assuntos: portas e janelas, tetos, acabamentos, cozinhas, banheiros, detalhes de decoração criativos e originais que nos atraíam. Compramos pela internet um programa simples de desenho de plantas de arquitetura e, animadíssimos, começamos a projetar a casa nós mesmos. A partir daí, contratamos em

Arraiolos o autor de muitos dos projetos das casas locais para fazer com que os nossos desejos se adequassem à linguagem tradicional da região. E ao longo de todo o percurso até à conclusão da casa tivemos o apoio inestimável de um grande amigo e arquiteto espanhol que nos ajudou a dirimir dúvidas com seus palpites interessantes e inteligentes e chegou a ser o árbitro de nossas muitas discussões acerca dos detalhes — não sem antes apelidar meu marido de "o nosso talibã": será que preciso dizer que Carlos tinha opiniões muito fortes sobre o que julgava serem as melhores soluções?

Vivendo em Madri, vínhamos quase todos os fins de semana ver a obra, ao longo dos 13 meses que durou a construção da casa. A viagem tarda quatro horas de carro, o que para nós, brasileiros acostumados a grandes distâncias, não é nada. Nos hospedávamos ou nas magníficas pousadas de Portugal ou nas chamadas casas de turismo rural, nos pequenos hotéis de Arraiolos, Estremoz e Évora, e até numa pensão com o curioso nome de Policarpo. Quisemos provar de tudo que estivesse ao nosso redor.

A obra correu tranquila. Decidimos seguir o hábito local das paredes externas duplas, com uma camada de isolante térmico entre elas, o que é um grande alívio durante os meses de inverno e de verão, ambos bastante intensos nesta região. As janelas de alumínio com vidro duplo foram outra providência acertadíssima, pois, como são muito bem seladas, isolam bastante o interior da casa das agruras térmicas do exterior. Um detalhe interessante foi a construção dos tetos em formato de abobadilhas, que são diferentes das abóbadas pela disposição de cada peça de tijolo: nas primeiras, o tijolo fica exposto pela sua face; nas outras, pela lateral, o que significa mais tijolos e mais tempo de mão de obra. A sua confecção é uma arte que já poucos sabem executar, pois requer extrema destreza: os tijolos começam a ser colocados nas quatro extremidades e ali recebem um bom reforço de concreto, que serão as bases para os arcos construídos a partir delas. Aos poucos, os tetos vão tomando forma: cada tijolo vai se apoioando nos seus vizinhos, para que se monte o quebra-cabeça em arco, e a colocação do último tijolo é um acontecimento, pois ele vem a ser uma espécie de rolha que segura os demais tijolos, o detalhe que sela o teto, impedindo-o de desabar. É muito impressionante seguir esse processo, que leva aliás algum tempo até ser concluído. O resultado são tetos altos, teatrais, lindos, e não há quem não se deslumbre com eles.

No telhado utilizamos telhas antigas, e, entre elas e o teto da casa, foram colocadas algumas camadas de isolantes térmicos. Uma delas é de placas de isopor, que descobrimos ser o sonho de qualquer passarinho querendo fazer ninho. Conclusão: eles vão entrando sub-repticiamente pelas frestas que existem entre as telhas e cortando o isopor com os bicos até fazerem uma cavidade ideal para se instalarem quentinhos nos meses de inverno e chocarem os seus ovos. Uma noite, ao acender a luz do meu banheiro, vejo sair uma asa, apenas uma asa, da cavidade da lâmpada embutida no teto. Apago-a imediamente, com medo de eletrocutar o animal, mas, no dia seguinte, ao retirar a lâmpada, cai nas nossas mãos o pássaro morto. Dos nosso tetos e imensas chaminés nos chega um constante chilrear, e frequentemente temos a surpresa de um bater assustado de asas ao passarmos ao lado de alguma árvore. A novidade estes dias tem sido a visita diária de um corvo preto, barulhento e muito folgado, que dá bicadas nos vidros das portas e passeia pela nossa varanda como se estivesse em sua casa.

Algumas vezes, algum passarinho voa casa adentro e custa a encontrar o caminho de volta, dando de cara contra o vidro das portas externas. Quando chega a época de colocarem seus ovos, eles ficam como loucos voando sobre o telhado da casa, e cheguei a colocar uma coruja de plástico numa altíssima vara de bambu que balançava com o movimento do vento, para ver se se assustavam e iam embora. Mas qual! Certa vez, num momento de desespero, cheguei a dar tiros de ar comprimido para o alto, pois o barulho poderia afugentá-los. Deu certo momentaneamente, mas eles voltaram em seguida. Como a luz da casa costuma dar umas piscadas, explicou-nos o eletricista que isso se deve também aos passarinhos, que gostam de pousar nos fios de alta tensão das redondezas, o que acaba por fritá-los. Destemidos passarinhos...

Coisa importante aqui é a água. A nossa sai de um furo a 92 metros de profundidade e abastece o consumo da casa e da rega. Num verão de seca muito intensa, o furo não deu conta e tivemos que dosar a rega gota a gota dos 600 pés de lavanda que plantamos na frente da casa. Essas lavandas, aliás, são um show total quando florescem: 6 fileiras paralelas de 100 metros de extensão cada, coalhadas de tufos redondos, gordos, inteiramente roxos. Um escândalo de lindas, as nossas lavandas, que os portugueses chamam de alfazema.

Com o passar do tempo, fomos descobrindo as particularidades da nossa terra. Por estar parte do nosso terreno situada sobre uma placa subterrânea de granito, o que é típico da região, a água ali tem dificuldade de drenagem, o que dificulta o cultivo de plantas que não as autóctones oliveiras. Nesses trechos, algumas delas nem sempre se desenvolvem bem, pois ao ficarem encharcadas suas raízes apodrecem. Foi assim que acabamos por afogar e matar uma enorme e centenária oliveira que compráramos de um terreno vizinho, cuja chegada triunfal sobre um imenso trator foi uma sensação. Sua colocação no terreno foi por nós documentada em filme e enviada aos amigos. Passados alguns meses de rega, demo-nos conta de que estava ficando triste, perdendo as folhas, até que ficou completamente pelada, linda também, mas morta por dentro. Acabou virando uma imponente escultura da natureza, que eu pretendia pintar de azul-anil, como as bordas da casa. Mas hoje mesmo acabo de fazer duas descobertas: uma, que coelhos escavaram a base de seu tronco e fizeram ali a sua casa, onde se entocam quando não estão correndo pelo nosso campo. E outra, a melhor: começam a brotar folhas de pequenos caules, até então imperceptíveis, que estão nascendo a partir das raízes que eu julgava perdidas. Dentro de uns muitos anos, uma outra árvore terá crescido e envolvido o nosso imenso tronco algumas vezes centenário. Quem viver, verá...

Falando em coelhos e lebres, uma historinha horrível: nossos cachorros são labradores, e uma característica de sua raça é o instinto de caçadores, buscando e trazendo de volta na boca a caça abatida. Não é à toa que vivem correndo pelo campo atrás de pequenos animais, e outro dia abocanharam uma lebre distraída que acabou sendo estraçalhada por eles ainda viva, aos guinchos, debaixo dos meus olhos. Que cães! Mas os coelhos também são danados: comem o verde que veem pela frente, até planta venenosa como a espirradeira, que alguns alentejanos chamam de alandros, uma corruptela de seu nome científico, *oleander*. Por conta deles, tivemos que colocar uma rede em torno do jardim da piscina, para que não entrem e devorem as flores que plantamos nos canteiros ao seu redor.

A piscina foi construída depois de já estarmos na casa havia dois verões. Houve muita discussão sobre o local onde melhor ficaria: se olhando para Evoramonte, na frente da casa, ou se mais resguardada, por trás do muro do pátio. Esta segunda solução implicaria uma abertura no muro onde fica uma grande fonte pintada de azul, o que me incomodava a princípio, mas que acabei por aceitar. O resultado não ficou nada chocante, como eu previa. Além do mais, os limoeiros cresceram e dissimularam tal passagem para um outro pátio, íntimo e quase secreto, cercado de verde e bordejado de flores, com uma piscina de mosaicos verde-escuros que combina com a paisagem ao redor. De dentro dela, sentados num confortável degrau, acompanhamos o pôr do sol, drinque na mão, encantados.

Nossa instalação na casa foi em etapas. Primeiro, trouxemos alguns dos nossos móveis que estavam em Madri. Vínhamos passar os fins de semana, sentindo a casa e suas necessidades. Mas uma vez terminado o período oficial de embaixadores na Espanha, nos mudamos para o Alentejo e aos poucos entramos no ritmo das estações, adaptando-nos aos hábitos locais, aos dias certos das compras: na quarta, encomenda-se a carne para a semana; na quinta, chega o pão fresco; na sexta, são as frutas, as hortaliças e o peixe. Mas sempre há a feira de sábado em Estremoz, que junta *bric-à-brac* com flores, verduras saídas da horta, azeitonas que estalam na boca, aves ainda vivas, assustadas nas gaiolas.

Detalhe importante para quem vem de um país sem frio rigoroso, como o Brasil, é aprender a viver no campo com quatro estações. Há certas providências que têm que ser tomadas no seu devido tempo, pois, caso contrário, há que esperar todo um ano para nova oportunidade. Certa vez, ao chegar de uma pequena viagem, fomos surpreendidos por uma visão terrível: parte das nossas oliveiras havia sido podada de uma maneira radical, e delas só restavam os troncos com galhos decepados. Nenhuma folhinha para contar a história. Quase morro de indignação, pois a poda fora feita quando não estávamos em casa, e eu não estava preparada para o choque. Resultado: consegui impedir que as demais árvores tivessem destino semelhante, o que foi ótimo, porque em seguida veio uma geada fora de hora, e os cortes recém-feitos foram fatais para o crescimento de novos rebentos. Tivemos que esperar anos até que finalmente rebro taram. E assim vamos tentando aprender a lidar com o ritmo da natureza.

É esse mesmo ritmo que proporciona a variedade de opções de programas. Na primavera e no princípio do outono, nada mais agradável que comer na varanda na grande mesa de pedra que mandamos fazer utilizando o granito local. A chegada dessa mesa foi quase tão imponente quanto a da grande oliveira centenária, pois o seu tampo com três metros de comprimento teve que ser baixado com uma grua, tal o seu peso. Mas o esforço valeu. A mesa fica debaixo do toldo bordejado de parras virgens, aquela trepadeira que é prima da parreira e dá minúsculos cachinhos de uvas e, no outono, se transforma em guirlandas de folhas amarelas e vermelhas. Dessa varanda que olha para os tufos de lavandas, com a vista de Evoramonte ao longe, acompanhamos à distância os passeios de bicicleta de grupos que vêm apreciar o campo alentejano. E também os concursos de balões a gás, que muitas vezes, como num passe de mágica, cruzam coloridos pelo céu no verão. Foi nessa varanda também que comemoramos os 60 anos do Carlos, com um divertido almoço alentejano para o qual vieram muitos amigos espalhados pela Europa.

Vimieiro, a nossa vila, tem uns 600 habitantes e algumas coisas surpreendentes: além da fábrica dos melhores queijinhos portugueses, daqueles que se esparramam pelas bordas (ver capítulo *Algumas Delícias Locais*), tem um coreto numa praça cercada de casinhas brancas que foram cenário de uma telenovela portuguesa; tem um hotelzinho charmoso que foi uma antiga moagem de trigo (ver o capítulo *Onde Ficar*); tem ainda um imenso e iluminadíssimo centro polidesportivo, palco de exposições eventuais e das feiras anuais que acontecem em geral no verão. Já se foi o tempo em que essas feiras eram repletas de artesanato local; hoje, o que mais se encontra são produtos indianos e chineses. Aliás, Vimieiro já tem uma loja só de produtos chineses, comandada por um chinês que até fala português! Será o progresso?

Na Semana Santa, há uma procissão comovente, quando Vimieiro fica às escuras, a não ser pelas velas da procissão, que atravessa toda a vila até parar na igreja Matriz. O mais lindo é a música, uma espécie de *saeta* à espanhola, como no *Concerto de Aranjuez*, de Albéniz, interpretado pelo Miles Davis. Umas matracas fazem o acompanhamento sonoro quando a procissão para nos momentos de cantoria. Tão lindo, singelo, profundo, que não há como não se emocionar.

Surpreendente nesta região de Portugal é a escassez de mão de obra para os serviços domésticos e no campo. Como a população jovem praticamente não permanece nas vilas e nas aldeias, emigrando para as cidades maiores, sobra a população de meia-idade. Para compensar esta falta, há os imigrantes da Europa do Leste, que rapidamente se adaptam à nova terra e logo aprendem a falar o português. Houve mesmo uma imigrante que ao chegar trocou o louro de seus cabelos por uma tintura castanha, possivelmente para ficar mais parecida com o biotipo local. Temos em casa a ajuda eventual de pai e filho ucranianos, o Igor e o Oleg, já batizados pelos locais de Igro e Olé. Havia um terceiro, que tinha um nome típico da Geórgia, de onde vinha e para onde já voltou, que foi logo sendo chamado simplesmente de Joaquim.

Já no final da obra conhecemos a D. Joaquina, comandando um grupo de outras mulheres da vila que caiavam a nossa casa — porque aqui este é um trabalho de mulheres, enquanto os homens cuidam do campo —, e logo a contratamos para ficar trabalhando conosco depois que a casa ficasse pronta. Ela cuida dela sempre tão bem que nem deixa a parede da lareira ficar queimada: usamos o fogo de noite, no dia seguinte lá vem ela com seu baldinho de cal, deixando a lareira branca novamente. Tudo sempre imaculado. Enquanto D. Joaquina cuida da casa, o Sr. Diamantino, seu marido, cuida do campo. Moram na vila e trabalham conosco algumas horas por dia. Vêm cada um no seu carro, fazem as suas tarefas, e à uma da tarde vão para casa almoçar. Depois do almoço, D. Joaquina vem arrumar a cozinha e só volta no dia seguinte. Enquanto isso, o Sr. Diamantino atende aos demais vizinhos. O casal é o mais requisitado nas redondezas. Com isso, nossa rotina aqui inclui horas prazerosas passadas na cozinha, onde preparamos a nossa comida, hábito tão pouco comum na cultura brasileira e cada vez mais difundido pela Europa.

Nosso dia a dia no Alentejo é tudo o que esperávamos. Quando salto da cama para tomar meu café da manhã, já encontro a mesa arrumada: fatias de pão alentejano, que tem a massa feita com pouco fermento; queijo fresco de leite de ovelha; geleia de tangerina feita com as frutas do pátio. Suco de laranja espesso e saboroso como nenhum outro, com laranjas daqui da terra. Preparar a comida é fácil. Tudo dá certo se os ingredientes são frescos e de boa qualidade. Compramos na vila ou na feirinha de Estremoz as frutas, verduras e hortaliças, afora as que a D. Joaquina traz do quintal de sua casa. Na mercearia da vila, encomendamos o borrego, que é o carneiro mamão, que pasta numas terras aqui pertinho. Lá compro também um chouriço divino, feito em casa, defumado na chaminé. O frango do campo, o pato, o porco preto, basta lembrar de encomendar no dia certo da semana. A lebre e o coelho, por exemplo, encomendamos ao caçador. As ervas frescas, colhemos no pátio da cozinha, pois em casa alentejana não pode faltar nem coentro nem salsa nem hortelã nem alecrim. Muitas vezes avisto pessoas em torno do nosso terreno colhendo aspargos bravos, que são ótima companhia para os ovos de gemas quase cor de laranja, tão forte é o seu amarelo.

O capítulo comida aqui é um luxo só. Basta dizer que já temos até o nosso azeite, extraído das azeitonas colhidas das nossas oliveiras e que vão para a prensa no lagar aqui perto. Quando queremos comida alentejana, D. Joaquina entra em campo: coelho à caçadora, sopa de beldroegas, bacalhau dourado, açorda, ensopado de borrego, pimentões assados, arroz de espinafre e coentro, um não findar de petiscos.

O tempo no campo rende tanto, que dá para fazer geleia, biscoito, *limoncello* com os limões do pátio, *tapenade* com as nossas azeitonas, distração por horas na cozinha. Além das funções domésticas e de uma boa caminhada diária, admirando o campo com seus matizes, chega a hora de trabalhar a cabeça, ao som dos passarinhos lá fora. Livros e filmes chegam pelo correio, a internet nos permite estar sempre antenados com o mundo. Procuramos desfrutar de cada minuto neste Alentejo encantado, aonde chegamos de coração aberto e assim temos sido recebidos. Como já dizia Epicuro, o prazer é o começo e o fim de uma vida feliz. E o ótimo é que a cada dia desperto para continuar vivendo dentro de um sonho.

3

Um pedaço de terra sem igual

O meu Alentejo

Florbela Espanca

Meio-dia. O sol a prumo cai ardente,
Doirando tudo... Ondeiam nos trigais
D'oiro fulvo, de leve... docemente...
As papoilas sangrentas, sensuais...

Andam asas no ar; e raparigas,
Flores desabrochadas em canteiros,
Mostram, por entre o oiro das espigas,
Os perfis delicados e trigueiros...

Tudo é tranquilo, e casto, e sonhador...
Olhando esta paisagem que é uma tela
De Deus, eu penso então: Onde há pintor,

Onde há artista de saber profundo,
Que possa imaginar coisa mais bela,
Mais delicada e linda neste mundo?!

Pois o Alentejo é isso mesmo. O que diz Florbela Espanca, a poeta alentejana, certamente terão sentido os seus habitantes em todos os tempos. Da era megalítica, passando aos fenícios, celtas, romanos, visigodos, mouros, judeus e cristãos, quem pisou estas terras não pode ter sido indiferente a seus encantos.

Sua paisagem é de impacto, terras onduladas com grandes espaços cobertos de cereais, oliveiras e vinhas, e horizonte limpo a perder de vista. Suas vilas e aldeias medievais nos enfeitiçam com seus castelos e muralhas, que à noite ressaltam ao longe, iluminados e mágicos. Em suas vielas antigas, casas singelas caiadas de branco convivem com a arquitetura barroca de casas senhoriais, palácios, mosteiros e conventos. Esse era um tesouro escondido de Portugal. Mas hoje, atravessado por uma autoestrada excelente, que em menos de duas horas leva o viajante de Lisboa até a Espanha, e cortado por uma rede aprazível de estradinhas pelo campo, o Alentejo vem se abrindo a olhares mais curiosos.

Há infinitas razões para se visitar o Alentejo. Fruto do contato de tantas diferentes culturas e civilizações, aqui sobrevivem monumentos megalíticos, ruínas romanas, heranças culturais, gastronômicas e arquitetônicas dos mouros; há vestígios de conflitos bélicos com os muçulmanos, com os vizinhos espanhóis e com invasores franceses. Há espaço, há um belo artesanato, há uma cozinha simples, saborosa e sem fricotes, há vinhos cheios de fruta e de sol. Há um certo ar de nostalgia, de uma vida descomplicada onde ainda há tempo de sobra e onde convivem a grandeza de um rico passado com a singeleza das coisas da terra. Além de uma natureza privilegiada com estações bem definidas: no verão (junho, julho e agosto) as temperaturas são muito altas e o clima é superseco; no inverno (dezembro, janeiro e fevereiro), chove e faz um frio intenso, mas nada que uma boa lareira não resolva; a primavera (março, abril e maio) e o outono (setembro, outubro e novembro) são especialmente lindos, e a temperatura é amena. Mas creio que o mês mais agradável por aqui é o de maio, quando o Alentejo mais parece um jardim com campos verdes e floridos, reinando no ar uma expectativa de renovação.

E há ainda muito mais: já pensou visitar uma adega exemplar, provar vinhos especialíssimos, acompanhados de queijos artesanais de ovelha e de cabra, com o famoso pão alentejano? Quase tocar o rebanho de ovelhas ou provar do porco preto, a tradução em português do renomado *pata negra* espanhol, como se fosse coisa de todo dia? Ver a azeitona no pé, trocando a cor do verde ao roxo, depois ao negro? Colher com as próprias mãos a uva que vai virar vinho? Comprar em Arraiolos os seus famosos tapetes? Ver pontes e ruínas romanas e visitar monumentos de pedra, como dolmens (em Portugal, chamados de *antas*) e menires, resquícios milenares de povos que por aqui habitaram? Visitar as cidades do mármore, que se vê esculpido nas fontes, nos anjos dos conventos, nas fachadas dos palácios, no meio-fio das calçadas? Assistir a uma tourada à portuguesa, onde o touro não morre mas é contido à unha por uma fileira de jovens valentíssimos, conhecidos como forcados? Pois é, o Alentejo é assim.

Nele, a propriedade pode ser chamada de diferentes maneiras: courela, fazenda, ferragial, quinta, monte e herdade, dependendo do seu tamanho. Diferentemente da Toscana, por exemplo, onde a ocupação da terra é em agrupamentos, aqui as casas são isoladas. As construções costumam ser térreas e caiadas de branco, às vezes formando um pátio, com telhado de duas águas e enormes chaminés, e ficam quase sempre na parte mais alta do terreno. Como a água é rara por esta região, há uma abundância de fontes e tanques, que ajudam a refrescar o ambiente.

Nas aldeias e no campo, o triunfo é do branco. Os muros e as paredes das casas são constantemente caiados, e as cores se reservam aos detalhes e aos contornos das portas e janelas, geralmente em azul-anil ou amarelo-ocre. Essas aberturas costumam ser pequenas e estreitas, para impedir a entrada não só do calor como do frio. As chaminés de algumas casas pequenas muitas vezes parecem ser maiores que a própria casa. Dentro, as lareiras ocupam um espaço importante, pois não apenas servem para aquecer, mas são o local onde se defumam os chouriços e onde, antigamente, chegava-se a cozinhar. Em muitas casas, elas são tão grandes que dá para colocar cadeiras dentro e ficar bem perto do fogo. Os móveis típicos alentejanos são pintados em cores fortes e decorados com flores. A louça local é de barro, geralmente pintada com temas ligados à vida no campo.

Pouco povoado e essencialmente agrícola, o Alentejo é a maior região de Portugal, ocupando quase um terço do seu território. Faz limite, ao norte, com o rio Tejo; ao sul, com a Serra do Algarve; a leste, com a Espanha; e a oeste, com o Oceano Atlântico. Está dividido em três distritos: Portalegre, ao norte, é a capital do Alto Alentejo; Beja, ao sul, é a capital do Baixo; o outro distrito é o de Évora, cidade situada mais ao centro desta região e considerada a capital por excelência do Alentejo. Constituído basicamente de latifúndios, suas terras e sua ocupação vão ficando diferentes conforme se atravessa o Alto ou o Baixo Alentejo. A densidade média fica em torno de 7 habitantes/km^2, raridade hoje numa Europa superpovoada, com engarrafamentos até nas *autobahns* alemãs, com 5 pistas de carros em cada direção. O Alentejo é a maior e menos povoada região de Portugal.

Vindo de Lisboa pela autoestrada A2, na altura do km55 deve-se tomar a opção Espanha, pela A6, que é a que leva ao Alentejo. Para que se adentre mais profundamente a alma portuguesa, sugiro que a viagem seja sonorizada: com o pano de fundo da guitarra portuguesa, jovens fadistas vão nos embrenhando neste Portugal ao mesmo tempo antigo e moderno. Uma vez saindo da autoestrada em direção a alguma vila, a paisagem vai ficando mais ao alcance da mão. O campo plantado tão pertinho do nosso caminho tem rebanhos de carneiros e ovelhas pastando debaixo dos bosques — aqui chamados de montados — de sobreiros, azinheiras e oliveiras, árvores portentosas e antiquíssimas.

Das oliveiras, com troncos retorcidos e folhas de um verde prateado, é que se extraem as azeitonas, que podem ter dois destinos: ou são espremidas e transformadas no azeite mais divino, extravirgem, verde manjar celeste e base de toda a alimentação da região; ou então são retalhadas ou amassadas no socador, depois colocadas em salmoura por três semanas, findas as quais entram numa água temperada com oréganos e louro, onde ficam macerando, deliciosas azeitonas. Algumas oliveiras são centenárias, mas como são poucas e menos produtivas, muitas vezes são arrancadas e vendidas para serem recolocadas em outros espaços, tendo um papel apenas decorativo, com seus troncos parrudos.

As azinheiras, que são um tipo de carvalho, são árvores agrestes, especialmente lindas quando seus galhos se revestem de um líquen esverdeado que lhes dá um certo ar de penugem. Seu fruto é a bolota, o alimento do chamado porco preto, que, em lugar de só comer ração e ficar engordando confinado, passeia e come a bolota pelos campos, o que lhe confere um sabor inigualável. Um lombinho grelhado de porco preto é de se comer ajoelhado e rezando. E o presunto produzido na vila de Barrancos, então, é um presente dos deuses.

Mas imponentes mesmo são os sobreiros. Que árvores! Imensas, demoram 30 anos até revestir os seus troncos com a primeira casca de cortiça, que é então retirada a cada nove anos, o que os deixa pelados e vermelhos, num tom puxando a ferrugem. Neles escreve-se em tinta branca o ano de cada retirada, para o controle da próxima. Um campo de sobreiros recém-descascados é um espetáculo dramático e inesquecível. Com o passar dos anos, o vermelho vai ficando marrom-escuro, e a cortiça vai renascendo. Desta cortiça é que se fazem as rolhas para as garrafas dos vinhos, e estas têm que ser de primeira qualidade, caso contrário acabam por estragar o vinho. Uma opção mais ou menos recente na indústria vinícola mundial tem sido a de substituí-las pelas rolhas sintéticas — que são recicláveis, mas não biodegradáveis —, o que tem gerado muita polêmica. No entanto, esse ainda não é o caso dos vinhos portugueses, que continuam a envelhecer segundo a velha técnica tradicional, mantendo parte do romance e do charme que implica abrir uma bela garrafa e beber um bom vinho.

Na primavera e no outono desponta no campo uma flora variadíssima: são micromargaridinhas silvestres, umas florezinhas de um amarelo citrino, as papoulas vermelhas e ainda variadas espécies de trevos silvestres que salpicam a terra de roxo, branco, amarelo, vermelho. No verão, o ponto alto são os campos de girassóis e, mais tarde, os de trigo, que vão mudando de cor, do verde ao dourado maduro. Há muito milho também. O que dizer então das vinhas? São campos e campos, fileiras atrás de fileiras, uvas e mais uvas, sempre olhando para o sul. Plantações organizadíssimas, que dão gosto de ver — e de provar!

O calendário de eventos alentejanos é farto e variado. Há atividades para todos os gostos, em todas as épocas do ano. Festivais de gastronomia, feiras de artesanato, festas, romarias, há que ficar atento. Mas é talvez no verão, debaixo de um calor geralmente escaldante, que a ebulição é maior. São as ruas de Campo Maior e de Redondo recobertas de flores recortadas em papel, paciente trabalho de anos a fio feito pelo povo dessas cidades. Em Évora, festivais de verão trazem músicos desde o Brasil ao Rajastão. As touradas, em praças algumas vezes provisórias mas nem por isso desconfortáveis, são anunciadas através de cartazes colados em pontos estratégicos nas estradas, nas vilas e aldeias.

Entre 15 de agosto e 28 de fevereiro, é permitida a caça, distribuída por três períodos distintos, dependendo do tipo de caça. São mais de 400 zonas de caça turística, numa área de cerca de 600 mil hectares repletos de pombos, codornas, patos, coelhos e lebres, perdizes, veados e javalis, que em geral vão depois acabar na panela. Arroz de lebre, coelho à caçadora, perdizes em escabeche, lombo de javali, bifes de veado são especialidades apreciadíssimas, deleites ao paladar. Pelas estradas no campo, há placas indicando a permissão das terras para caçada: as placas verdes proíbem; as vermelhas só autorizam a caça aos caçadores registrados na sua associação. Se não houver placa alguma, pode-se caçar, a não ser que haja uma casa dentro da propriedade.

Praticamente todas as cidades alentejanas têm um posto de turismo, capaz de fornecer informação sobre excursões, horários de visitas aos seus monumentos, calendários de festas, produtos gastronômicos e artesanato local, restaurantes, atividades culturais, hospedagem e outras generalidades, inclusive a indicação de empresas que organizam caçadas, passeios em balão, a cavalo, em jipe, bicicleta e mesmo a pé pelas abundantes trilhas. Os hotéis também costumam dar indicações.

O Alentejo é um mundo em movimento. Quando se passa pelas vilas, aldeias e cidades, não se imagina a quantidade de atividades que podem estar ocorrendo e que são geralmente divulgadas através de cartazes colados nos postes ao longo das estradas ou através de folhetos encontrados em balcões de lojas, restaurantes, cafés, hotéis, oficinas de turismo. Desde festivais gastronômicos e do vinho alentejano, a feiras do queijo, da castanha, do tapete, do artesanato, touradas, um não findar de eventos.

Através de um desses folhetos, ficamos sabendo de um evento denominado "Alentejo à mesa", que compreendeu uma mostra gastronômica e uma feira de tapetes, em Arraiolos; uma festa do vinho, em Borba; dois festivais gastronômicos, um em Estremoz e outro em Portel; uma mostra de doces, em Viana do Alentejo; e um Festival Gastronômico da Caça, em Montemor-o-Novo, Mora e Vila Viçosa. Quanta coisa boa para se provar, tudo divulgado num único folheto. Bobeou, perdeu...

E agora entra o que eu chamaria de burocratês, que é um outro português: a linguagem desses folhetos é geralmente complicada. Nada mais simples que a palavra restaurante. Pois aí são chamados de estabelecimentos de restauração. Hotéis são denominados unidades de alojamento ou entidades hoteleiras. Unidades museológicas são parte da coleção de um museu e podem estar espalhadas por distintos locais. Se disser que haverá um abastecimento ao longo do caminho, quer dizer que haverá um lanche, também chamado de suplemento alimentar. As atividades associadas à caça são denominadas cinegéticas. Nas placas de sinalização das ruas, cego é invidente ou invisual, e prisão é estabelecimento prisional. Médico é profissional de saúde. Certa vez, perguntando sobre um problema na nossa linha ADSL, a companhia de telefones nos explicou que tínhamos um constrangimento na linha telefônica! Tivemos que pedir uma tradução, claro.

Para dizer que é necessária a apresentação de um determinado cartão nos restaurantes e hotéis, em burocratês a informação nos é dada da seguinte maneira: "O acesso a qualquer uma das ofertas desta promoção não dispensa a apresentação do cartão 'Alentejo à Mesa' junto das entidades aderentes." E ainda acrescenta: "As reservas efetuadas ao abrigo desta campanha, nas entidades hoteleiras, estão sujeitas a confirmação mediante disponibilidade da entidade." Entendeu?

Em contrapartida, o vernáculo alentejano tem expressões próprias, que são adoráveis. Em lugar de fazer algazarra, faz-se banzé; o que se mexe e infla com o vento, enfuna; quem se vai, abala; quem arruma, amanha; quem capina, monda. Degrau é poial, canteiro é alegrete, nevrina é nevoeiro, você é tratamento respeitoso, vosmecê ainda mais. Um detalhe sobre o idioma local: aqui pronuncia-se Alentéjo, e não Alentêjo; Estremôz, e não Estremóz; Arraiólos, e não Arraiôlos; Purtalegre, e não Porto Alegre.

Um detalhe importante a considerar quando for planejar os seus passeios são os horários locais. Em geral, entre as 12h30 e as 14h o Alentejo almoça. As lojas, os museus, igrejas, conventos, tudo fecha. Melhor também ir comer. Mas não demore muito à mesa, porque ao redor das 17h30 os monumentos públicos costumam encerrar suas atividades. O comércio fecha em torno das 19h. No verão, quando o calor aperta e depois do almoço só apetece uma boa sesta, os horários de visita de alguns monumentos às vezes se estendem até um pouquinho mais tarde.

O Alentejo tem, a meu ver, dois programas imperdíveis: as touradas e a feira de Estremoz. Não há verão sem tourada, seja em Portugal ou na Espanha. A grande diferença é que as de Portugal não têm banhos de sangue, já que não se mata o touro na arena diante dos espectadores. E há demonstrações de grande coragem de parte dos forcados, uma intrépida trupe de oito valentíssimos rapazes que se dispõem a pegar o touro à unha, enfrentando-o de frente aos requebros e aos gritos de "toiro, toiro!".

Para brasileiros pouco afeitos a violências contra supostos inofensivos animais, a tourada à portuguesa é perfeitamente tolerável e até mesmo desfrutável. Começa com a apresentação dos atores: três toureiros a cavalo, cada um com direito a duas apresentações na arena; os chamados peões, com seus *trajes de luzes* mandados vir da Espanha, meias e capas rosa-shocking que usam para distrair o touro entre o trabalho do toureiro e o dos forcados; e os vários grupos de forcados.

Começa então a tourada, com a entrada na arena do toureiro, vestido com roupa semelhante às usadas pelos toureiros portugueses no século XVIII, com chapéu de plumas e jaqueta bordada a ouro, montado em reluzente e adestradíssimo cavalo. Em seguida e com grande estardalhaço, adentra o inimigo, o touro. Já vem nervoso, picado com uma pequena bandeirilha da ganaderia à qual pertence, olhando assustado ao redor enquanto o público se manifesta, entusiasmado com a sua entrada.

A função do toureiro é espetar-lhe, com a devida pompa e circunstância, seis bandeirilhas que o enfurecem ainda mais. O touro corre atrás do cavalo, que dá um espetáculo, adestrado por seu cavaleiro toureador. O sangue escorre levemente das feridas, enquanto o toureiro deixa a arena, triunfante em seu balé de cavaleiro. Aplausos dos espectadores. Em seguida entram os peões, encarregados de distrair o touro com suas capas coloridas, cor-de-rosa de um lado, amarelo de outro, num espetáculo leve e sem maiores consequências.

Aí então começa o perigo. Entram em cena os forcados, que se alinham em fila diante do touro já meio tonto. O primeiro deles se distancia dos demais, enfia na cabeça um boné que se denomina barrete e começa o seu desafio propositadamente amaneirado, balançando o corpo de um lado a outro, chamando e provocando o touro — "toiro, toiro" —, olho no olho. Quando o touro decide afinal lançar-se contra este temerário rapaz, o público fica mesmerizado à espera do que vem a seguir. A destreza máxima requer que este jovem se aninhe exatamente entre os chifres do touro, que estão cortados nas pontas e recobertos por uma capa de couro. Com este rapaz como um penduricalho entre seus chifres, o touro segue furioso em direção aos demais forcados, que o esperam em fila e se atiram contra ele, tentando imobilizá-lo. A visão é a de um enxame de jovens amontoados ao redor do animal que se retorce. Esta cena dura um par de minutos, até que todos se soltam do animal ao mesmo tempo, desvencilhando-se dele, à exceção de um, que fica agarrado ao rabo do touro e que o puxa e com ele se retorce até submeter completamente o animal. Quando o touro se deixa dominar e perde a parada, dá-se por terminada a luta. Ele segue da arena para o matadouro.

Mas tudo pode acontecer. Na tourada a que assisti em Redondo, uma mãe zelosa de dois corajosos forcados dava gritos nervosos de "ai, meus ricos filhos" quando viu serem débeis os seus alaridos dirigidos à imensa massa negra que se atirava contra os rapazes. Os forcados eram atirados pelo ar, e alguns deles foram pisoteados pelo touro ao caírem ao chão. São momentos de muita agonia, e essa mãe portuguesa estava segura de que um de seus filhos estava machucado. Aos berros de "Ó Manel, de certeza que estás magoado, que o touro é impegável e tu és rijo e estou a ver-te sem reação!", pedia indignada a interferência do diretor da tourada para dá-la por terminada. Uma cena e tanto, onde no final tanto o Manoel como seus companheiros acabaram por conseguir driblar o touro, dominando-o sob os aplausos da multidão.

O programa de sábado de manhã tem que ser a feira de Estremoz, na Praça do Rossio. O panorama é divertido. A um lado da praça, os homens alentejanos, em roda de conversa vestidos com seus bonés típicos, ficam ali toda a manhã, num infindável lero-lero, observando o movimento, trocando idéias, tomando um café no Café Alentejano. No centro da praça ficam as barracas com a produção da redondeza: frutas, verduras e legumes, tudo colhido fresquinho. São os aspargos bravos, ideais para serem comidos com uns bons ovos mexidos, provenientes do galinheiro da esquina; as beldroegas, que são umas folhinhas verdes com cara de agrião e que viram uma saborosa sopa, servida com ovos pochês e quadradinhos de queijo de ovelha; as nabiças, que de aparência são primas do espinafre, mas que na verdade são as folhas do nabo; o poejo, outra verdura-tempero de temporada, ideal para acompanhar as migas alentejanas (ver receita no capítulo *Algumas Receitas*) ou para a confecção de um licor típico da região; infinitas variedades de azeitonas; túberas, uma espécie de trufa que nasceu para rechear uma omelete. Tudo em sua devida estação e temporada, sem falar nos perenes agriões, alfaces, espinafres, tomates de variados tipos, couves, enfim, a feira de sempre, fresquíssima.

As frutas são outro capítulo: laranjas e tangerinas sumarentas acabadas de sair do pé; maçãs de todos os tipos; peras; banana, uvas, o de praxe. E, claro, as frutas da estação. Se quiser comprar caquis, atenção, em Portugal eles são chamados de diospiros, o seu nome científico. Entre as frutas secas, deliciosas ameixas de Elvas; dulcíssimos figos do Algarve; nozes e castanhas recém-colhidas, tenras, no ponto ideal. Há ainda ervas para chás e temperos; variadas pimentas amarradinhas no feitio de uma espiga de milho; plantas e flores; mudas de árvores ornamentais e frutíferas. As barracas de queijos sortidos, chouriços, morcelas e embutidos em geral causam estranheza aos demais europeus, já impedidos de comprar em seus países produtos congêneres de produção caseira, sem os devidos selos e carimbos, por conta das normativas do Mercado Comum.

Mas o ponto alto dessa feira são os animais, abatidos ou vivos. Gaiolas repletas de patos, gansos, galinhas, perus, pintinhos, coelhos são uma festa para os olhos. Na temporada de caça, há varais carregados de perdizes, pombos, lebres, abatidos e à espera de um caldeirão. Há ainda as barracas onde se vendem peças de barro, utilitárias cumbucas, pratos, cinzeiros, canecas, todos decorados à moda do Alentejo. Um deleite. Mas ainda não acabou: ladeando a praça, estão os vendedores de móveis e de quinquilharias. Decorativos instrumentos de trabalho no campo caídos em desuso, como antigos ancinhos de madeira; talhas e alguidares em barro e em cobre; toalhas antigas com seus guardanapos bordados; moedas, talheres avulsos, móveis, quadros e cacarecos em geral. Quem tem bom olho pode descobrir tesouros.

O tipo físico do alentejano do campo corresponde àquela imagem que a gente faz do português rural. São mais para o baixo, tanto que as casas antigas são em geral baixinhas como eles; e meio roliços, talvez porque comem tanto pão em sua alimentação diária. Os homens quase sempre têm a cabeça coberta por um boné, que aqui chamam de boina, em geral de um xadrez discreto como o das suas camisas, sempre retirado em sinal de respeito na hora dos cumprimentos, mas que volta muito rapidamente para a cabeça destapada. No campo, costumam vestir calças jeans e umas botinas de cano baixo. Não usam cores espalhafatosas, preferem o marinho, o bege, o verde-escuro, o cinza. Quase não usam preto. As mulheres, por sua vez, usam e abusam do negro. No verão, usam um chapéu de palha com abas largas ou uns lenços amarrados na cabeça, e é assim que enfrentam o sol abrasador, quando anualmente passam a cal nas pare des de suas casas, a partir da primavera. Quando usam cores, são discretas como os homens: preferem a cor de vinho, os azuis, gradações variadas do cinza, do bege, do marrom. Aqui praticamente ninguém se veste de vermelho.

Os homens trabalham o campo em cima de tratores, que muitas vezes são o meio de transporte da vila até o seu local de trabalho. As estradinhas estão cheias deles, cruzando de um lado para o outro. Seus carros costumam ser umas caminhonetes, chamadas de carrinhas, que só vi aqui em Portugal, com a parte de trás aberta e estrutura de madeira. Muito práticas para quem transporta sacos de adubos, lenha, ferramentas pesadas do campo.

No fim do dia de trabalho, reúnem-se no café, onde tudo se sabe. Basta dizer que, na primeira vez que os nossos cães se aventuraram a cruzar o portão e desbravar o campo por sua conta, quase tive um colapso, achando que os havia perdido. Chovia, era inverno e achei que nunca mais os veria. Depois de muita procura e muitas informações, ora dos pastores, ora dos frentistas nos postos de gasolina, que indicavam a direção por onde os haviam visto passar, o senhor Diamantino, que trabalha eventualmente em nossa casa, recomendou que fizéssemos uns cartazes, que ele espalhou pelos cafés da redondeza.

No dia seguinte pela manhã, cedinho, já havia a notícia de que durante a madrugada eles haviam chegado exaustos a uma quinta cheia de outros cães, que despertaram os donos com seus latidos. Lá passaram a noite e foram recolhidos pelo senhor Diamantino na manhã seguinte, sãos e salvos. Chegaram em casa com o rabo entre as pernas e estrebuchados de cansaço. Dormiram sem parar por horas a fio. Esta, aliás, não foi a única vez que se aventuraram a desbravar o mundo, e sempre foram encontrados pelo incansável senhor Diamantino. Uma ocasião, andaram quase 20km e chegaram a cruzar um riacho, antes de serem localizados através de conversas entre o pessoal local. Certa vez, resolvi levá-los comigo para umas compras na vila. Pois bastou saltarmos do carro, e um deles atravessou a rua num salto de alegria, atrás de um cão do outro lado da calçada. Foi o tempo de se ouvir um estrondo, um ganido, e lá estava o nosso cão gemendo pelo chão, abalroado pelo que parecia ser o único carro que circulava pela vila, além do nosso. A solidariedade de todos os que assistiram à cena, e depois de todos os que ouviram falar do acidente, foi comovedora. Os alentejanos da minha vila são dos mais simpáticos que há.

Uma coisa interessante é a maneira como os portugueses usam os tratamentos respeitosos. É o senhor doutor, o senhor engenheiro, o senhor arquiteto, o senhor embaixador, e por aí vai. Quem tem um título universitário é sempre chamado de doutor ou doutora. Tenho uma vizinha que é sempre referida como doutora, embora não seja médica. Assim como a jovem dona da queijaria de Vimieiro.

Os alentejanos costumam ser tipos vigorosos e trabalhadores, mas são vistos pelos portugueses em geral com uma ótica peculiar, estilizados por sua fala mais cantada e um compasso mais lento. Quantas vezes ouvimos a frase: quer saber a última do alentejano?, dita pelos próprios portugueses.

4

Chegando ao Alentejo

Um pouco de história

Para entender melhor o que sugiro ser visto, é interessante saber como tudo se passou. Aí está um pouco de história, numa rápida pincelada, com base no agradável livro *A Short Trip in the Alentejo*, de Jane e Robert Wilson.

A agricultura chegou a Portugal cerca 5 mil anos antes de Cristo, através de povos mediterrâneos. De sua cultura sobraram monumentos megalíticos, antas, dolmens e menires que vemos em abundância pelo Alentejo. Os fenícios, que vieram pelo sul, chegaram por volta de 1.100 a.C. Pelo norte vieram os celtas, em torno de 600 a.C. Os romanos — que começaram a se estabelecer por volta dos anos 200 a.C — enfrentaram os lusitanos, o povo local, e ocuparam todo o território do que são hoje Portugal e Espanha. No Alentejo, instalaram-se nas redondezas de Évora, em latifúndios onde cultivavam vinhas, oliveiras e trigo. Aqui deixaram a língua, o direito e as instituições sociais que ainda hoje predominam.

O cristianismo se estabeleceu no sul de Portugal nos anos 100 d.C. Nos anos 500 chegam os visigodos e permanecem por cerca de 200 anos, até a invasão pelos mouros, em 711. No Alentejo, os mouros permaneceram até o século XIII, quando foram expulsos pelos cristãos. A reconquista foi feita por uma aliança ibérica contra os mouros, e neste processo criaram-se os reinos de Portugal, Castela e Aragão. Seguiu-se um período de conflitos entre os reinos de Portugal e Castela. Mais tarde, Castela e Aragão se juntaram e formaram o que hoje é a Espanha.

Como se vê, a vida não era fácil. Não admira a maior parte das aldeias alentejanas serem coroadas por castelos que são verdadeiras fortalezas, cercadas por muralhas de pedra. O rei D. Dinis, entre 1279 e 1325, na luta contra os mouros, chegou a construir 50 fortalezas em Portugal. Muitas dessas fortalezas — e ainda muitos mosteiros fortificados — foram transformados nas espetaculares Pousadas de Portugal, onde qualquer mortal pode se hospedar e tocar em paredes que viveram tanta história.

Um dos grandes orgulhos portugueses é a derrota que impuseram aos vizinhos castelhanos na batalha de Aljubarrota, em 1385. Mas 200 anos depois, o rei Filipe II, da Espanha — neto do rei português D. Manuel — é proclamado como Filipe I de Portugal, unindo as duas coroas ibéricas, num arranjo que durou 60 anos e terminou em 1640, com a restauração de Portugal por D. João IV. Outro fato importante a assinalar na história portuguesa é o grande terremoto de 1755, que praticamente destruiu Lisboa e abalou todo o país.

Em 1807, Napoleão manda invadir Portugal, o que levou a família real portuguesa a refugiar-se no Brasil. As tropas portuguesas, com a ajuda da Inglaterra, conseguem expulsar os franceses em 1811, mas, na ausência da família real, Portugal fica sendo administrado pelo general inglês Beresford. Em 1820, um grupo de oficiais portugueses exige uma nova Constituição e o retorno do rei D. João VI, há 13 anos no Brasil. Com a morte de D. João VI cinco anos mais tarde, seu filho mais velho, então o primeiro Imperador do Brasil, herda o trono português como D. Pedro IV. Não podendo conciliar os dois tronos, abdica em favor de sua filha, D. Maria II. Mas D. Miguel, seu irmão mais novo, não aceita esta sucessão e inicia-se uma guerra civil em Portugal, só terminada com a volta de D. Pedro do Brasil. O final da guerra civil foi marcado pela capitulação das forças miguelistas em Evoramonte, no Alentejo. A dinastia dos Bragança havia se estabelecido em Portugal com D. João IV, em 1640. A sede da casa de Bragança era o Palácio de Vila Viçosa, no Alentejo.

Em 1910, foi proclamada a República portuguesa. Em 1932, assume como primeiro-ministro o então ministro das Finanças, António de Oliveira Salazar, que permaneceu no poder durante 36 anos. Salazar morreu em 1970, depois de muitos anos de guerra entre Portugal e suas colônias africanas. No dia 25 de abril de 1974, os militares se rebelam, derrubam a ditadura e terminam a guerra colonial. Em 1976, é elaborada a nova Constituição portuguesa, que reinstaura o regime democrático. Entre seus benefícios, o Alentejo acordou. Sem ter perdido nenhum dos seus eternos charmes, modernizou-se e desfruta hoje de todos os confortos. Dos campos às cozinhas, às adegas, à vida diária, os equipamentos se sofisticaram e tudo se refinou. O que já era bom ficou ainda melhor.

Alguns percursos

O meu Alentejo é feito de impressões. Há muitas maneiras de percorrê-lo, mas neste livro decidi selecionar os roteiros que costumo sugerir a meus amigos, percursos atraentes que levam o viajante a conhecer de perto alguns tesouros desta terra. Os meus trajetos se centram em Évora e em Portalegre, as duas grandes cidades do chamado Alto Alentejo. Há inúmeros outros para serem explorados, como os do Baixo Alentejo e o das praias, todos adoráveis e lindos, mas estes são os que mais frequento e conheço. Como as distâncias em Portugal são pequenas, os quilômetros são percorridos em pouco tempo. Organizei estas informações por ordem alfabética das cidades, vilas e aldeias cuja visita recomendo.

Entre as maneiras de ver o Alentejo, já é um luxo a tradicional visita a Évora, seguida de almoço. Mas há muito mais a ser explorado. Para fazer esses dois roteiros, sem maiores aprofundamentos, creio que dois dias para cada um deles é suficiente. Bom mesmo é poder ter tempo para poder ficar uns dias mais, quem sabe na tranquilidade do campo, passeando com calma pelas estradinhas alternativas e cheias de charme, bordejadas de vinhas, que nos levam ao Alentejo profundo. Mas mais importante que o tempo da estada é reconhecer que esta é uma terra especial, que tem tudo para despertar uma paixão.

Em Torno de Évora

Quando se pensa em Alentejo, em geral pensa-se nesse roteiro. Não é à toa que seja o mais comumente visitado, a começar por Évora, cidade-museu de origem romana que fica a 130km de Lisboa. Seu centro histórico, classificado pela Unesco como Patrimônio da Humanidade, é o reflexo de seu passado tão rico: nele, há um templo romano, pátios mouriscos, palácios renascentistas, igrejas góticas, claustros e conventos.

Cruze uma de suas portas e entre no seu centro histórico, que merece uma visita detalhada, ainda mais porque não há como resistir aos nomes poéticos e certas vezes prosaicos de algumas de suas ruas. A pé ou de charrete, que parte da Catedral, perca-se pelas ruas da Cozinha de Sua Alteza, do Lagar dos Dízimos, do Chafariz d'El Rei, das Amas do Cardeal, do Alfaiate da Condessa, das Casas Pintadas, do Imaginário, das Pedras Trocadas, dos Três Senhores, dos Deficientes das Forças Armadas. Passeie pelo Largo do Chão das Covas, cruze a Travessa das Gatas, a da Pulga, a da Caraça, a das Morenas, a do Pão Bolorento, a da Manga-Laça, a do Lança e Dardo, a Travessa Torta. E que tal comer no restaurante chamado Moinho do Cu Torto?

Foram os romanos que a transformaram em cidade imperial, e de sua passagem restam ainda vestígios impressionantes, entre eles as termas e o Templo de Diana, do século I, o monumento mais antigo e o mais emblemático da cidade. Vê-lo à noite iluminado é uma imagem inesquecível. É a ruína romana mais bem conservada de Portugal.

Com as invasões bárbaras, Évora passou a ser dominada pelos visigodos, sendo depois conquistada pelos mouros, em 715. Foi liberada em 1166 por Giraldo, O Sem Pavor, que ganhou esta alcunha por ter-se oferecido como voluntário para tomar a cidade: entrou pela muralha, executou o governador mouro e entregou a praça ao soberano português, D. Afonso Henriques. A partir de então, Évora floresceu como uma das cidades mais dinâmicas do reino de Portugal na Idade Média, principalmente durante a dinastia de Aviz, entre 1385 e 1580. Enquanto a Lisboa dos Descobrimentos se transformava em grande metrópole mercantil, D. João III e sua corte mudaram-se para Évora em 1521, transformando-a numa cidade de espírito renascentista e italiano: era a cidade do príncipe. Com eles, vieram também artistas e arquitetos, que se empenharam em ajudar a nobreza, que construía palácios; as ordens religiosas, que construíam ou renovavam conventos; os jesuítas, que abriram a universidade no século XVI. A cidade passou a ser um grande centro intelectual e religioso, mas caiu em declínio quando, no século XVIII, Lisboa se afirmou como a capital política e econômica do país, atraindo a corte, que se muda para lá. Os jesuítas são expulsos, fechando com sua partida a universidade, que só foi reaberta em 1973. E Évora ficou adormecida no tempo, com seus belos monumentos.

Se chegar a Évora de carro, o melhor é estacionar e fazer a pé os passeios intramuros. O ideal é que os sapatos sejam cômodos, pois as ruas são calçadas de pedras, e muitas são ladeiras. Todo passeio deve passar pela Praça do Giraldo, no centro da cidade, que foi palco dos chamados autos de fé, cerimônias religiosas onde eram proclamadas e executadas as sentenças do Tribunal de Inquisição. Hoje a praça tem mesinhas onde se pode sentar para tomar um café. O Café da Arcada, no número 7, com seu ar anos 60, tem tentações irresistíveis: pastéis de natas, queijadas, queques (tradução portuguesa de *cakes*), sandes (tradução portuguesa de *sandwiches*).

Na Rua 5 de Outubro concentram-se as lojas com produtos artesanais típicos da região: colchas e tapetes tecidos com retalhos e conhecidos como mantas de trapo; bandejas e móveis pintados com flores; objetos em cortiça; magníficas capas dos pastores alentejanos, com a gola em pele; objetos de barro pintados. Há um pouco de tudo entre os variados produtos locais. No alto dessa rua está a Catedral, um austero edifício romano-gótico em granito com elementos decorativos manuelinos e o mais antigo órgão em funcionamento na Europa. Nela foram benzidas, em 1497, as bandeiras da frota de Vasco da Gama, que partiu rumo ao Oriente. Depois de seu retorno das Índias, o célebre navegador viveu uns anos em Évora, no Paço de Vasco da Gama, onde funcionou depois o Tribunal da Inquisição, e que fica quase em frente à Pousada.

Seguindo em direção ao Templo de Diana, estão o Museu de Évora e a Biblioteca Pública, com um belo segundo andar cuja visita recomendo. Ao lado está a Pousada dos Loios, instalada num antigo convento do século XV, transformado em charmoso e elegante hotel, em torno de cujo claustro estão as antigas celas dos monges, hoje transformadas em quartos. Sua igreja fica ao lado, com belos azulejos, e onde, através de duas aberturas no solo, pode-se ver uma cisterna de origem árabe e ossadas dos monges. Logo a seguir está o Palácio dos Duques de Cadaval, construído em 1384, com sua Torre das Cinco Quinas, que costuma ser palco de um festival de música e dança durante o mês de julho, organizado pela atual duquesa. Luxo mesmo é, numa noite de lua cheia, poder assomar às janelas desta torre e apreciar a extraordinária vista do Templo de Diana iluminado, com suas colunas de pedra, cujas bases foram esculpidas pelos romanos em mármore de Estremoz.

A Universidade, que funcionou de 1551 a 1759 e foi reaberta em 1973, é também conhecida como Colégio do Espírito Santo. Foi a segunda universidade fundada no país, depois da de Coimbra. Vale uma visita ao claustro e seus azulejos. Em frente a ela, no Largo de S. Miguel, está o Paço dos Condes de Basto. Neste belo conjunto de edifícios, originalmente um castelo mouro e depois residência dos reis da dinastia afonsina, funciona a Fundação Eugênio de Almeida que, entre outras atividades, é responsável pela adega da Cartuxa (ver capítulo *Algumas adegas*), mantém um elegantíssimo Museu de Carruagens, logo à sua saída e nas costas da Catedral, e o Fórum Eugênio de Almeida, a uns 50 metros do Templo Romano, um espaço para exposições de arte, concertos de música, seminários, atividades culturais e artísticas. No subsolo do edifício dos Paços do Concelho, na Praça do Sertório, descobriram-se ruínas de termas romanas. Lá estão o que sobrou de uma sala circular para banhos quentes e a vapor, e ainda uma fornalha e uma piscina de água fria.

Programa interessante, embora um tanto macabro, é visitar a Capela dos Ossos, construída pelos padres franciscanos no século XVI, ao lado da Igreja de S. Francisco, e cujas paredes e pilares são revestidos de ossos e caveiras, num total de 5 mil crânios. Para quem pretende fazer uma visita às adegas alentejanas, em Évora fica o Gabinete de Apoio à Rota dos Vinhos (ver os capítulos O*s Vinhos* e *Dicas e Informações*). Além de ser um centro de informação, organiza visitas às adegas e ainda é um ponto de venda de vinhos.

Évora está cercada por uma impressionante e bem preservada muralha, cuja parte mais antiga data dos tempos romanos, acrescida de mais dois outros trechos: um do século XIV, conhecido como Cerca Nova, com 3km de extensão, 10 portas de entrada e algumas fortificações; e outro do século XVII, período das guerras da restauração, com alguns bastiões e o preservado Forte de Santo António. Fora da muralha, sobressai o imponente Aqueduto da Água da Prata, obra renascentista de 9km construída entre 1531 e 1537 pelo rei D. João III, para abastecer a cidade de água.

Évora costuma ter múltiplas atividades culturais. Para acompanhá-las, consulte a agenda cultural organizada pela Câmara Municipal (www.cm-evora.pt/agenda cultural). O Teatro Garcia de Resende, na Praça Joaquim António de Aguiar, pertinho do restaurante Fialho, apresenta sempre espetáculos interessantes, além de ser um prédio que merece ser visitado por dentro: de arquitetura neoclássica, tem influência marcante dos teatros italianos. Um charme. Nos segundos domingos de cada mês, acontece o mercado de velharias e antiguidades, no Largo Chão das Covas, entre 8 e 14 h.

Para a variadíssima programação *outdoors*, o posto de Turismo, na Praça do Giraldo, concentra informações sobre as empresas que se dedicam a atividades como escaladas, passeios náuticos e em ultraleve, bicicleta e jipe todo-terreno, observação de aves, caça, pesca, jogos medievais, e um não findar de opções divertidas.

Aos interessados em monumentos megalíticos, a cerca de 13km de Évora se encontra um dos monumentos públicos mais antigos da humanidade. É o chamado Cromeleque dos Almendres, com 92 monolitos de diferentes formas e dimensões agrupados em circunferências concêntricas, com uma formação semelhante à de Stonehenge, na Escócia. É o maior conjunto de menires da Península Ibérica, e tinha funções religiosas nos anos 5000 a.C. Fica no caminho para Arraiolos, saindo da estrada na direção de Montemor-o-Novo e Guadalupe. No trajeto, depara-se com um grande menir de 2,50m de altura. Ainda na estrada para Arraiolos está o Convento da Cartuxa, de 1587, que tem o maior claustro da Europa, mas que não admite visita e só pode ser visto através das grades do seu portão, por ser residência de monges jesuítas em regime de clausura. No caminho para Estremoz, está o Convento de N. S. do Espinheiro, que data do século XV e é hoje um hotel 5 estrelas, com excelente restaurante (ver os capítulos *Onde Comer* e *Onde Ficar*).

Alandroal

O Castelo de Alandroal foi construído pelos mouros no final dos anos 1200. Dentro de suas muralhas encontra-se a Igreja de N. S.da Conceição, toda caiada de branco, com altares policromados. Passeando pela vila, não deixe de ver a Fonte Monumental da Praça, de 1708, barroca, toda em mármore. A Igreja da Misericórdia, construída durante o reinado de D. Manuel I, no século XV, quase partiu-se ao meio com o terremoto de 1755 que destruiu Lisboa. Mas o melhor programa é comer no restaurante A Maria, grudado na muralha, cujas virtudes são fartamente descritas no capítulo *Onde Comer.*

O caminho entre o Alandroal e Vila Viçosa é um compacto e denso olival, por vezes ladeado por montanhas de mármore, mas o mais bonito é a vista, à distância, do imponente Castelo de Vila Viçosa, rodeado de majestosos ciprestes.

Arraiolos

Quem nunca ouviu falar dos famosos tapetes de Arraiolos, que desde o século XVI vêm sendo fabricados nesta vila do século II a.C., situada a 130km de Lisboa? Uma das marcas registradas do Alentejo, os tapetes são exibidos com orgulho e vendidos nas muitas lojas locais, que, além de farto e variado estoque, aceitam encomendas segundo o gosto do freguês.

Eles são bordados à mão em lã sobre tela de linho ou estopa com ponto cruzado oblíquo, sendo conhecidos desde o final do século XVI. Sua origem é mourisca, e inicialmente ele tinha apenas desenhos de figuras geométricas, seguindo a configuração do tapete persa, mas foi evoluindo até ter uma figuração mais variada, com flores dando o toque português. Os fios de lã utilizados na sua confecção eram produzidos localmente, desde a tosquia, passando pela lavagem, cardadura, tingimento e fiação. A lã era tingida com processos caseiros, utilizando ervas e urina das ovelhas. Pouco a pouco, a partir de finais do século XVII, os motivos orientais, que utilizavam muita cor, foram sendo substituídos por elementos decorativos mais dispersos e com cores menos ricas. Mas no final do século XIX, com a escassez de meios, a produção limitava-se quase que só às encomendas, e em cores naturais, como o branco e o marrom. Finalmente, no início do século XX, um grupo de senhoras da terra recriou exemplares com base em modelos de diferentes épocas, provocando um ressurgimento dos tapetes. Hoje, as mãos laboriosas das bordadeiras mantêm a qualidade desse produto, que é uma das atrações turísticas da região. Durante 300 anos, a fabricação dos tapetes foi o ganha-pão de muitas famílias da vila e a ocupação de muitas religiosas nos conventos.

Depois de visitar as lojas de tapetes, recomendo uma visita à Igreja Matriz, construção gótica remodelada no século XVI; e à Igreja da Misericórdia, de 1500, com um belo retábulo e paredes revestidas de azulejos do século XVIII. Na praça principal da cidade, ali do lado, todos os edifícios são bordejados do mais lindo azul alentejano. Nela, ficam a Câmara Municipal e, ao fundo, o pelourinho — coluna de pedra onde era feita justiça e que era sempre colocada em lugar público da cidade ou da vila. A visão dos castelos alentejanos iluminados à noite é uma imagem encantada. O de Arraiolos é especialmente interessante, pois suas muralhas são ovaladas, mandadas construir por D. Dinis em 1305. Do alto dos castelos, costuma-se ter uma vista abrangente da planície alentejana, e o de Arraiolos não é exceção.

Também a Pousada de N. S. da Assunção merece uma visita detalhada. Antigo Convento dos Lóios — designação dada aos padres da Ordem Religiosa de Cônegos de S. João Evangelista — este belíssimo edifício do século XVI passou por uma grande e arrojada reforma a fim de ser adaptado para pousada, uma das mais bonitas de Portugal, citada até na revista *Vogue* inglesa como um destino de *design* a ser visitado. Suba e desça por suas escadas, passe por baixo de arcos conectados aos tetos de belas abóbadas, visite os quartos do prédio antigo do convento, todos diferentes e especiais em sua mistura de arquitetura moderna com a sobriedade das paredes conventuais. Passe pela igreja quinhentista do convento e admire seus azulejos azuis e brancos, em contraste com o retábulo e as talhas douradas. É das mais elegantes que há. Passeie pelo jardim e veja a piscina e os montes que a circundam, com carneirinhos a badalar seus cincerros. Não perca nada de vista nesta pousada, onde até os banheiros são dignos de inspeção.

As volutas em azul-anil que decoram as paredes caiadas de branco da Fonte da Pedra, no caminho que liga a Pousada à estrada N4, são excelente exemplo do bom gosto local. Por essa estrada, vai-se até Elvas, passando pelo que eu chamaria de Milha de Ouro do Alentejo, trecho repleto de vinhas e que, a meu ver, é um dos mais bonitos da região.

Borba

Em Borba, o programa é visitar os seus muitos antiquários, concentrados na Rua de S. Bartolomeu. Fecham no horário de almoço e abrem também nos fins de semana e feriados. Neles, há desde *bric-à-brac* a boas peças antigas. A Adega Cooperativa e sua loja, também nesta mesma rua, são um prato cheio com seu farto estoque de vinhos. Foi em Borba que, num passeio com amigos, passamos diante de uma loja com ar decadente onde se vendiam uns poucos tecidos, expostos numas estantes antigas superbonitas. Não resistimos e entramos, para ver de perto as belas estantes. Ouvindo nossos comentários sobre aquelas estantes naquela loja com ar de semiabandonada, o senhor que parecia ser o dono arrematou: "Ah, é que depois da chegada do pronto-a-vestir nós perdemos a nossa clientela." Imaginem bem o compasso da vida em Borba...

Elvas

Por estar numa posição estratégica, a 12km da fronteira com a Espanha, Elvas teve uma função marcadamente militar e ainda hoje é cheia de fortificações de várias épocas.

Seu castelo foi conquistado aos árabes em 1166 por D. Afonso Henriques, perdido novamente para os árabes e reconquistado por D. Sancho II, em 1226. Da sua praça veem-se as muralhas da cidade, a torre de menagem, outras duas pequenas fortalezas auxiliares e, ao fundo, a cidade espanhola de Badajoz. E ainda, a perder de vista, o vale plantado ao redor.

Impressionante em Elvas é o Aqueduto da Amoreira, cuja construção demorou 93 anos — de 1529 a 1622 — e que ainda hoje domina a cidade com sua imponência e beleza.Tem 7km de extensão, 843 arcos sobrepostos em 4 andares, quase 30 metros de altura em alguns trechos e abastece a cidade de água desde o século XVII.

Grande atração em Elvas são as muitas lojas dedicadas à roupa de cama, mesa e banho, que trazem um enxame de jovens espanholas fazendo seus enxovais de casamento. As colchas brancas em piquê são um luxo, com seus desenhos em relevo. Mas a cidade é famosa sobretudo pelas cobiçadas "ameixas d'Elvas" (ver capítulo *Algumas delícias locais*), compota de ameixas verdes da espécie rainha-cláudia, ideal para acompanhar a típica sobremesa alentejana de nome sericaia, também chamada de sericá (ver capítulo *Algumas Receitas*).

A mais recente aquisição da cidade é o Museu de Arte Contemporânea de Elvas, o MACE, instalado num prédio do século XVIII que era um antigo hospital, e que abriga uma coleção particular de arte portuguesa contemporânea. A coleção é tão grande que será exibida aos poucos, em exposições temporárias ao longo do ano, concomitantemente com outras exposições de colecionadores e museus portugueses. O museu tem um programa paralelo de seminários e sessões de vídeo, e pretende estabelecer laços culturais com as cidades espanholas vizinhas, como Badajoz e Cáceres, que têm museus semelhantes.

Estremoz

O marco dominante da cidade é o castelo com sua torre de menagem de 27 metros de altura, toda em mármore branco típico da região, que desponta de longe na paisagem. Conhecida como a Torre das Três Coroas — pois foi edificada no século XIII durante três reinados — os de D. Afonso IV, D. Pedro e D. Fernando —, é um dos melhores exemplos da arquitetura militar portuguesa e o único vestígio do castelo primitivo, mandado construir nesse mesmo século por D. Dinis. Para subir até o alto da torre e ter uma bela vista da paisagem alentejana, pedir instruções na portaria da Pousada Rainha Santa Isabel, antiga armeria real do castelo, construída sobre as ruínas do palácio onde viveram os reis D. Dinis e a rainha Isabel de Aragão. Foi lá onde Vasco da Gama, tendo sido investido comandante, recebeu do rei D. Manuel os presentes que levaria para o rei de Calicute em sua viagem para a Índia. Uma pousada com o peso da história e certamente uma das mais requintadas de Portugal, com móveis e objetos do século XVII, camas de baldaquins, tapeçarias antigas. Fica num imponente largo onde se encontra o que há de emblemático em Estremoz.

Fora da torre está o Paço de Audiências do rei D. Dinis, o único pedaço do castelo que sobreviveu a uma explosão acidental em 1698. Ao lado, ficam a Igreja de Santa Maria e a Capela da Rainha Santa (chaves no Museu Municipal, ali ao lado), com azulejos do século XVIII que contam a história dessa rainha generosa cujo marido, o rei D. Dinis, preocupado em não gastar muito, proibiu-a de continuar com suas obras de caridade. Acusando-a de levar pães escondidos em seu avental para distribuir aos pobres, viu que, por milagre, eles haviam se transformado em rosas. No fundo desse largo, sobre as muralhas da cidade, um mirador propicia uma bela vista do Alentejo, com a Serra d'Ossa ao fundo — a mesma vista, aliás, que se tem de dentro do salão da pousada, com suas imensas janelas de vidro.

Em frente à pousada está o charmoso Museu Municipal (fechado às segundas-feiras e grátis aos sábados), com peças arqueológicas, artesanato em madeira, cortiça e chifre, e a reconstituição de partes de uma casa alentejana, com peças do século XIX. Mas o ponto alto é uma bela coleção de figuras antigas de barro, típicas de Estremoz, e que são hoje reproduzidas na loja das irmãs Flores, na parte baixa da cidade. Elas fazem os presépios de barro e réplicas de pratos do século XVIII mais bonitos da redondeza. No mesmo largo há também um simpático antiquário e o restaurante São Rosas, um dos melhores de todo o Alentejo (ver capítulo *Onde Comer*). Saindo do largo, o bar e restaurante A Cadeia Quinhentista (ver capítulo *Onde Comer*) dá o toque contemporâneo, com sua recuperação da antiga cadeia local.

Mas a maior atração de Estremoz é a feira das manhãs de sábado, no Rossio, que recomendo vivamente (ver o capítulo *Um pedaço de terra sem igual*). Ali, pode-se provar o saboroso tira-gosto conhecido como tremoços, ideal para se comer com uma cervejinha gelada e que foi possivelmente o que deu o nome à cidade, pois estavam plantados na encosta do castelo, onde hoje se veem vinhas. A maneira de se comer tremoços é dando uma mordidinha na casca e apertando-a para que o petisco salte para dentro da boca. Um pouco parecido com a maneira de se comer jabuticaba — uma arte bem brasileira. Recomendo, é uma delícia bem portuguesa.

Evoramonte

Evoramonte merece o desvio. A pequena rua que fica dentro dos muros do castelo é de um charme imbatível. Sentadas defronte da porta de suas poucas casas diminutas e bem branquinhas, ornamentadas com potes de gerânios, velhinhas cobertas de negro se esquentam ao sol. Esse caminho vai dar no singelo cemitério local, de uma ternura comovente. A vista que se tem do alto de Evoramonte dá bem a dimensão do Alentejo, com seus campos e seu mar de montes.

Seu castelo original é do século XIV, mas sua torre de menagem, do século XVI, foi rebocada em tempos recentes, o que a deixou de um feio imponente quando vista de perto. Foi nesse castelo que se assinou, em 1834, a convenção que pôs fim à guerra civil entre liberais e absolutistas, pela qual D. Miguel, irmão do nosso D. Pedro I, abdicava de sua pretensão ao trono português em favor de sua sobrinha, D. Maria II.

Monsaraz

A chegada a Monsaraz parece ter sobre mim um encanto de mágica. Na primeira vez em que subi a escarpa que leva ao castelo da vila, tive uma visão inesquecível e impagável: contra o azul-anil do céu e ladeando o muro de pedra do castelo, descia uma moto com um *sidecar*, e nele, empoleirada, uma rechonchuda portuguesa da aldeia, toda vestida de preto, balançava-se deitada sobre uma montanha de nabos. De outra vez, muitos e muitos anos depois, chegamos na hora do lusco-fusco, e a visão daquela aldeia branca no cocuruto do monte, toda iluminada, era de uma formosura tal, que para mim ficou como a imagem de Camelot. Quando se entra pela porta da muralha e se depara com a vista, aí sim o queixo cai, pois a represa do Alqueva que rodeia o morro reflete o azul do céu por toda a volta. São 250km^2 de água, na fronteira da Espanha com Portugal, a maior represa da Europa. O que restou na superfície do montado alagado forma 600 pequenas ilhas.

Sou uma apaixonada por Monsaraz, onde cada detalhe é de uma sofisticação absoluta. Seu presépio de Natal é o mais lindo que já vi, pois vai-se entrando pelas ruelas e cruzando ao longo do caminho com as figuras brancas, em tamanho natural, até que se chega ao Belém. Um show que sempre me emociona por sua beleza. Em Monsaraz há duas lojas que não se pode perder: a da holandesa Mizette Nielsen, logo na entrada, na Rua do Celeiro, com peças em barro e tapetes e mantas feitos em tear manual; e a de Francis e Toula, na rua principal, com seus pratos chiquérrimos em barro supercolorido. Ambas, um *must* alentejano.

Depois dessa exaltação, sugiro uma visita à impressionante Herdade do Esporão (ver capítulos *Algumas adegas* e *Falando com os entendidos*), uma imensa propriedade que data de 1267 com 600ha de vinhas e uma enorme barragem. Ali é o lugar para variados deleites: além da vista, dos vinhos, da visita à loja, prove as delícias da cozinha alentejana no restaurante A Galeria do Esporão (ver capítulo *Onde comer*), dentro desse vasto conjunto de atrações.

Redondo

Atravessando a Porta da Ravessa, sobe-se a Rua do Castelo, uma pequena ruela de casas antigas onde se encontra a Enoteca, local para se tomar um bom vinho com queijos e embutidos da região. Um pouco mais acima na rua, há um pequeno ateliê de artesanato de barro, que aceita encomendas personalizadas. Uma das especialidades da vila são os objetos feitos em barro, pintados com cenas do campo alentejano e moldados ainda segundo técnicas antigas. Muita dessa louça decorativa e algumas peças pré-históricas encontradas em escavações arqueológicas estão reunidas no Museu do Barro, instalado no Convento de Santo Antônio, onde também trabalham oleiros. Para quem está interessado em mergulhar no mundo dos vinhos, o Museu do Vinho, na Praça da República, exibe implementos agrícolas, objetos, imagens e textos relativos à fabricação do vinho.

Seguindo a tradição de Campo Maior (ver *Em Torno de Portalegre*), a cada dois anos a população de Redondo se mobiliza para organizar a Festa das Ruas Floridas, que ficam recobertas de flores feitas com papel recortado. Ao longo de seu trajeto, figuras feitas em *papier-maché* retratam aspectos da vida alentejana, como o mercado de verduras e frutas, os ofícios tradicionais, a arquitetura portuguesa das casas populares, as estações do ano e suas colheitas, a preservação da natureza e a caça de animais da região. Um charme que recomendo vivamente. Conferir datas no posto de turismo.

Dentro da floresta da Serra d'Ossa, entre Estremoz e Redondo, vale uma visita ao Hotel do Convento de São Paulo (Aldeia da Serra — Tel: 266 999 104 -www.hotelconventos paulo.com — www.secretplaces.com), com uma vista sobre 600ha de vegetação típica do Alentejo, que se perde no horizonte. Foi um dos mais lindos conventos de Portugal, em que pernoitaram os reis D. João IV, D. Catarina de Bragança e também D. Sebastião, em 1577, a caminho do norte da África, onde morreu na famosa batalha de Alcácer-Quibir. Construído no século XII, seus hóspedes e visitantes são brindados com paredes e mais paredes recobertas com cerca de 50 mil azulejos do século XV ao XVIII, com temas religiosos e assinados por mestres célebres da azulejaria portuguesa, formando impressionantes painéis em azul e branco, recortados contra a brancura da cal. O restaurante O Ermita, com tetos abobadados pintados com afrescos, era uma antiga capela. O ex-convento tem ainda outra capela e uma igreja com afrescos e bordas de azulejos. Tem piscina e um claustro ajardinado com uma imponente fonte em mármore. Mais do que uma estada, já que seus quartos pedem uma modernização, merece a visita pelo prazer de se ver tamanha beleza.

Vila Viçosa

O imponente Terreiro do Paço Ducal é uma das praças mais bonitas do Alentejo. Nessa grande esplanada, toda calçada em mármore, reina majestoso o Paço dos Duques de Bragança, uma construção do século XVI em mármore claro que se tornou Palácio Real quando o oitavo duque virou rei. Embora muito do seu recheio tenha sido transferido para o palácio real em Lisboa, a visita a este edifício é um *must*. Particularmente fascinante é a cozinha, com sua vasta coleção de 600 utensílios de cobre. Os apartamentos reais estão intocados desde o assassinato de D. Carlos, o último rei de Portugal, em 1908. Como os senhores da Casa de Bragança adoravam caçar, protegeram os 1.300ha de reserva de caça ao redor de Vila Viçosa, onde ainda hoje correm livres veados, javalis, coelhos e muitas aves.

Parte da ação do livro *Equador* — de autoria do português Miguel de Souza Tavares — passa-se justamente no Paço Ducal de Vila Viçosa, então ocupado pelo rei D. Carlos, também um amante da caça. Aliás, o livro seguinte desse mesmo autor, intitulado *Rio das Flores*, acontece entre Estremoz e o Rio de Janeiro. Leituras ideais para a viagem alentejana.

A armaria, as coleções de carruagens e de porcelana chinesa, o castelo, os museus de caça e arqueologia e o tesouro do Paço Ducal são outros núcleos de exposição e visita. O Museu dos Coches é um anexo do de Lisboa e tem cerca de 80 diligências e carruagens do século XVII ao XX, inclusive aquela em que o rei D. Carlos e seu filho foram assassinados.

O melhor lugar para um refresco depois da visita ao Paço Ducal é a Pousada de D. João IV, um antigo mosteiro restaurado com muito bom gosto, que fica na mesma praça. Sofisticada e elegante, era o antigo Real Convento das Chagas de Cristo, com afrescos e azulejos até dentro dos quartos. Seu pátio é rodeado de surpresas: pequenas salas e antigas capelas também com afrescos, além de um muito agradável café, em outro pátio de frondosas árvores.

A Igreja de N. S. da Conceição é do século XIV e tem uma imagem gótica da Virgem Maria, cuja história é curiosa: em 1646, o rei D. João IV, impulsivamente, colocou sua coroa na cabeça da santa, declarou-a como a santa padroeira de Portugal e, a partir daí, nenhum outro monarca português jamais usou uma coroa na cabeça.

O mármore é tão abundante nessa região, que as esquadrias das portas e janelas e o meio-fio das ruas são feitos desse material. Há até mesmo um Museu do Mármore (fechado às segundas-feiras), na antiga estação de trens, decorado com azulejos do século XVII. Lá estão em exposição variados tipos de mármore, a explicação de como são trabalhados desde os tempos romanos e sua destinação pelo mundo. A produção de Vila Viçosa representa 11% da totalidade europeia, o que a deixa em 8º lugar no ranking mundial e em 3º lugar no europeu.

Em Torno de Portalegre

Ao longo da Serra de São Mamede, uma reserva natural superprotegida, a umidade e a altitude permitem a convivência de dois tipos distintos de flora e vegetação, a atlântica e a mediterrânea. Árvores típicas do Alentejo, como o sobreiro e a azinheira, coexistem com florestas de carvalhos e castanheiros. Estes, aliás, são tão produtivos que abastecem uma feira anual dedicada à castanha, em Marvão. Ladeando as oliveiras, as vinhas vão crescendo pelas encostas suaves da serra. Nesta região mais escarpada e de clima mais úmido, predominam os vinhos tintos, encorpados e carregados de cor.

Por essas paragens sobrevoam e fazem o seu ninho mais da metade dos pássaros de Portugal, alguns deles espécies em extinção, como a cegonha preta e a chamada águia-de-bonelli. Javalis e veados também passeiam por essas redondezas serranas, que abrange uma área protegida de 320km^2. Para uma bela vista da região, nada melhor que o Pico de São Mamede, o ponto mais alto do Alentejo, a 1.025m de altitude.

E uma dica: para quem se interessa pela cultura megalítica, o norte alentejano é um prato cheio. Nos arredores de Crato, Castelo de Vide, Marvão, Portalegre, Alter do Chão e Nisa estão concentrados mais de 500 dolmens e cerca de 20 menires, alguns deles de alturas surpreendentes. Foram erguidos há mais de 5 mil anos por povos pré-históricos, primeiras comunidades de pastores e agricultores que viveram por estas bandas e em outras partes da Europa antes mesmo da chegada dos fenícios, e dos quais se perdeu a memória.

Há tempos assisti a um evento que dá a dimensão do portento que são esses blocos de pedra e do esforço que significou erguê-los sem os recursos de uma tecnologia mínima. Um amigo tem em suas terras uma quantidade de menires de tamanhos variados, e um deles, bastante grande, estava erguido desde milênios em direção ao céu. Pois alguém sobre um trator deve ter ficado incomodado com o pedregulho e, sabe-se lá como ou por quê, resolveu deitá-lo ao chão. Deparando-se com tal cenário, meu amigo, indignado, organizou um mutirão de gente para tentar levantar novamente a pedra, com a ajuda apenas de palancas e cordas. Quando lá cheguei, já estavam havia horas tentando erguê-la, sob uma grande organização: grupos se revezavam, uns enfiando as palancas em posições estratégicas para ajudar a empurrar a imensa pedra, enquanto outros puxavam por cordas, todos em movimentos sincronizados depois do 1-2-3 gritado por um dos participantes, que comandava a ação. Depois de muito esforço e muitas horas de trabalho, a pedra se moveu, mas pouco. Levantar, então, nem pensar. No final da história, houve necessidade da intervenção mecânica, e lá veio outro trator a ajudar a erguer o menir abatido. Foi um acontecimento que deu até notícia no jornal.

Portalegre é a maior cidade deste trajeto. Por estar tão perto da fronteira com a Espanha, o rei D. Dinis, no século XIII, mandou cercá-la com muralha dupla, de que hoje restam ruínas. A quantidade de igrejas e mosteiros revela uma cidade de forte passado religioso e traços arquitetônicos acentuadamente clericais. Sua prosperidade vem do campo e também dos produtos têxteis, da tapeçaria e das sedas, uma tradição desde o século XV, riqueza de que são testemunho as belas casas senhoriais e brasonadas dos séculos XVII e XVIII, no centro histórico. Não deixe de passar diante do imponente Palácio Amarelo, nem de visitar o palácio dos Barahona, com seus magníficos azulejos, onde hoje funciona o Governo Civil de Portalegre.

Portalegre é famosa por suas tapeçarias, que reproduzem desenhos e pinturas de artistas portugueses e estrangeiros. São tecidas na Manufatura de Tapeçarias de Portalegre (www.mtportalegre.pt), uma das grandes da Europa e favorita do artista francês Jean Lurçat, renovador da tapeçaria moderna.

Na visita à fábrica, pode-se acompanhar o processo de composição de uma tapeçaria: da projeção da pintura numa parede, nasce um pequeno borrador, que será depois passado para um papel maior, pintado como um mapa colorido onde se especificam as cores exatas. Em seguida, o desenho é transposto para papel milimetrado, de onde saem os padrões para a execução das peças. A manufatura trabalha com cerca de 7 mil amostras de fios de lã em cores arrumadas em degradê, que formarão novelos de 7 fios, em tons que podem ser uniformes ou mesclados, para se obter aquele exatamente igual ao da pintura original. As tecelãs trabalham em teares que podem chegar a ter 18m de largura, e ficamos sabendo que para tecer com sua rapidez e destreza precisam de 3 a 5 anos de treinamento. As peças são tecidas pelo avesso e de baixo para cima, num ponto criado por um técnico português em tecelagem, e depois são esticadas no chão de madeira, onde se cravam imensos pregos que ajudam a estirar bem os fios. Além do estoque, em série ultralimitada, aceitam encomendas (tel: 245 301 400; fax: 245 301 409; e-mail: manufactura@mtportalegre.pt).

Depois da visita à fábrica, recomendo o Museu da Tapeçaria Guy Fino, no antigo Palácio Castelo Branco, uma bela casa do século XVIII com interferências arquitetônicas supermodernas. Além das tapeçarias, há desenhos e cartões assinados por artistas como Sonia e Serge Delaunay, Jean Lurçat, Roberto Burle Marx, Le Corbusier, e portugueses como Vieira da Silva, Almada Negreiros e Júlio Pomar, que serviram de modelo para algumas de suas muitas peças.

O Convento de São Bernardo é visita recomendada, não só pelos belíssimos azulejos do século XVIII, como também pelos dois claustros. Dentro do seu conjunto, funciona o quartel da Guarda Republicana, mas há planos para transformá-lo em mais uma pousada de Portugal.

A Câmara de Portalegre funciona num antigo convento dos jesuítas, restaurado, com a impressionante entrada em pedra sobressaindo do corpo principal do edifício, que já abrigou a Fábrica Real das Sedas e depois a manufatura das tapeçarias. Se quiser descansar na Praça do Rossio, melhor sombra não vai encontrar: lá está o maior plátano de Portugal, que virou até monumento nacional. Uma beleza de árvore.

Portalegre tem todos os meses, habitualmente no segundo domingo, uma grande feira onde se vende de tudo, de roupas e sapatos a comida e artesanato. É uma espécie de mercado, que funciona das nove da manhã às cinco da tarde, no Campo da Feira, na saída para Elvas. Em geral, no mês de abril se realiza a Feira da Doçaria Conventual, com doces feitos nos conventos locais e também no resto do país, e alguns ainda na Espanha. De Portalegre são típicos a lampreia d'ovos; os queijinhos dourados; o manjar branco e os fartes, feitos no Convento de Santa Clara; além dos rebuçados d'ovos, que vêm do Convento de São Bernardo. E a cada dois anos, geralmente no final de novembro, o mercado Cores e Sabores traz produtos tradicionais, como as castanhas de Marvão, o queijo de Nisa, as carnes embutidas e alguns doces de Portalegre. Como as datas das feiras são móveis, o melhor é certificar-se junto ao posto de turismo local (ver capítulo *Dicas e informações*).

Alter do Chão

A 3km do centro de Alter do Chão e seu belo castelo, encontra-se a Coudelaria de Alter, antigo haras real fundado em 1748 por D. João V. Além dos cursos de formação, ali se criam e se adestram os famosos cavalos lusitanos e os melhores exemplares das diferentes raças de cavalos portugueses. Pode-se visitar suas instalações e assistir a espetáculos equestres e de falcoaria. Seu restaurante serve pratos típicos da região. Dentro do complexo da Coudelaria, que fecha às segundas-feiras, há um museu com uma coleção de armaduras portuguesas.

Ammaia

Pertinho de Marvão, encontram-se vestígios do que foi a cidade romana de Ammaia: a entrada monumental, o Fórum e as termas, parcialmente destruídas com a construção de uma estrada. Em seu pequeno museu estão concentrados alguns objetos de adorno e de uso cotidiano da época, como ânforas, pratos, taças, moedas. Há 2 mil anos, Ammaia começou como um aglomerado, depois passou a *civitas* por volta dos anos 44/45 d.C. e, na segunda metade do século I, foi elevada a *municipium*, sendo-lhe atribuída a administração de um vasto território. Ainda resquício desses tempos, perto de Portagem, ali pertinho, resta uma ponte romana sobre o Rio Sever.

Grande atração nas redondezas é o Ammaia Clube de Golfe de Marvão (www.ammaiagolfmarvao.com), em São Salvador da Aramenha. Dentro do Parque Natural de São Mamede, com 18 buracos, 6.710m de comprimento e par 72, é considerado um dos campos de golfe mais bonitos de Portugal. Tem campo de práticas e um profissional residente com diploma da PGA.

Campo Maior

Uma atração extra nesta rota acontece no verão, em Campo Maior. Em média, a cada cinco anos, geralmente na primeira semana de setembro, não há pedaço de céu à vista durante a Festa das Flores, quando todas as ruas da cidade ficam recobertas de forma compacta por fileiras e mais fileiras de bandeirolas de papel, recortadas nos mais variados e criativos modelos, formando um teto florido. O efeito é tão bonito que dá vontade de levar para casa todas as flores! É uma festa que só acontece quando a população decide se empenhar nessa trabalheira insana, que requer mãos habilidosas e imensa paciência. As ruas transbordam de gente, que vem de longe para ver esse espetáculo. Como em tudo o que acontece no Alentejo, há que ficar atento aos cartazes ou indagar nos postos de turismo quando será a próxima Festa das Flores.

Castelo de Vide

Região de águas térmicas e curativas, no caminho entre a cidade espanhola de Mérida (*Emerita Augusta,* capital romana do Vale do Guadiana) e a costa atlântica, Castelo de Vide foi onde os romanos se estabeleceram no ano 44 a.C. No século VIII, foi reconstruída pelos mouros, passando às mãos de Portugal em 1148. Em 1327, concluiu-se a construção de seu castelo, e a vila, até então chamada de Vide, passou a ser conhecida pelo nome de Castelo de Vide. Suas ruas são estreitas e íngremes, e às vezes tem-se a impressão de que o carro vai ficar entalado entre as casas que as bordejam.

Expulsos da Espanha em 1492, muitos judeus vieram para Portugal e chegaram a representar cerca de 15% da sua população. Na Idade Média, tiveram um importante papel econômico, administrativo e cultural, mas acabaram sendo perseguidos depois do casamento de D. Manuel I com D. Isabel, filha dos reis católicos espanhóis. Rebatizados como cristãos-novos, muitos se instalaram em Castelo de Vide. As ruas da Judiaria são um charme à parte e chegam a ter degraus com um corrimão no meio para não se escorregar ladeira abaixo. Nessas ruelas muito floridas, velhinhas vestidas de preto costumam sentar-se às portas das casas góticas e manuelinas, tomando sol enquanto fazem seus bordados. Recomendo a visita à sinagoga, do século XVI, uma das mais antigas de Portugal; ao fundo, a Serra de São Mamede, com Marvão lá no alto.

Cruzando a porta da vila nos muros do castelo, entra-se no burgo medieval que fica dentro das muralhas. Ali, não deixe de visitar a Capela de N. S. da Alegria, do século XVII, recoberta de azulejos da época. Como está quase sempre fechada, peça a chave a D. Esperança, no número 26 da rua que passa em frente à igreja. Vale a pena. E repare nas placas com prêmios dados às ruas no concurso de flores que a cidade promove anualmente.

Entre ermidas, capelas e igrejas, há 12 delas para ver em Castelo de Vide. As fontes de água mineral são abundantes, vindas da Serra de São Paulo. Houve época em que Castelo de Vide teve cerca de 300 fontes. Dentro da cidade, a mais antiga delas é a Fonte da Vila, na Judiaria, com colunas renascentistas feitas em mármore. Há também a Fonte do Montorinho e a do Ourives. Nos entornos da vila, há a Fonte Nova, a Fonte do Martinho e a da Mealhada. Também nas cercanias da cidade, fica o maior monumento pré-histórico da Península Ibérica: o fálico Menir da Meada, com mais de 7 metros de altura, que se acredita fosse parte do culto à fertilidade da terra. Como se não bastasse, a Anta da Melriça, de entre 400 e 300 a.C., é uma das mais importantes sepulturas megalíticas de Portugal. Ambas estão classificadas como Monumento Nacional. Pedir direções no posto de turismo.

Crato

No século XIII, a pequena cidade do Crato foi doada à Ordem dos Hospitalários, como recompensa por sua ajuda na luta contra os mouros, permanecendo como seu quartel-general. Assim como os templários, os hospitalários eram ordens militares em que os monges eram também cavaleiros combatentes, dedicados a reconquistar aos mouros o território que ocupavam. Em 1356, a Ordem se instala no recém-construído Mosteiro de Santa Maria da Flor da Rosa, a dois quilômetros do Crato, passando-o depois à Ordem de Malta. Com o terremoto de 1755, o edifício sofreu grandes danos, mas foi restaurado por ordem do Marquês de Pombal, e hoje nele funciona a Pousada Flor da Rosa. Mesmo que não seja o caso de hospedagem, vale a visita a esse conjunto composto de um castelo, um convento e um paço ducal, construídos em séculos distintos e com intervenções arquitetônicas modernas e arrojadas. Sua decoração é despojada e atual, e o efeito geral é de impacto.

Em 1662, durante a guerra da independência, grande parte da cidade foi queimada, destruindo-se muitos edifícios que poderiam ter sido o testemunho de sua importância. Ao norte do Crato, está a Anta do Tapadão, um dos maiores monumentos megalíticos de Portugal.

Marvão

Esta é a joia da coroa deste trajeto. Declarado monumento nacional, Marvão é uma vila mágica no alto de um morro íngreme, com um paredão de muralhas cercando ruelas estreitas com casinhas brancas, onde vivem apenas 185 pessoas. A vista que se tem de lá de cima é extraordinária, bem na divisa com a Espanha. Entra-se em Marvão pelas Portas da Vila e segue-se a rua até a Praça do Pelourinho, a Rua do Espírito Santo e a Rua do Castelo, onde portas e janelas ainda preservam o estilo arquitetônico dos séculos XV e XVI.

Os castelos em Portugal não são como os chamados castelos franceses, casas requintadas onde se imagina uma vida de charme e *glamour*. Aqui, eles são fortalezas de pedra apoiadas por imensas muralhas e foram cenários de batalhas furiosas. Quando se vê o castelo de Marvão, 862m acima do nível do mar, fica-se a imaginar quantas lutas foram travadas nessa fortaleza medieval para defender o território de Portugal desde que em 1166 D. Afonso Henriques a tomou dos mouros.

Lá do alto, deleite-se com o panorama descortinado ao seu redor. Desça os degraus que levam à sua imensa cisterna, com capacidade suficiente para abastecer de água durante seis meses os soldados que cuidavam do castelo e ainda toda a vila. O Museu Militar está dentro dessa muralha. As igrejas de Santiago e a de Santa Maria, onde está o Museu Municipal, já existiam no ano de 1321; a Capela do Espírito Santo é de 1573. Passe pelos Paços do Concelho; a Prisão e a Torre do Relógio; o Calvário; a Casa do Governador; os Passos da Paixão; o Chafariz e a Fonte do Concelho. Fora dos muros da vila, fica o Convento de N. S. da Estrela, fundado em 1448. Recomendo a vista panorâmica que se tem da pousada, instalada em duas casas numa ruela dessa vila medieval.

Como Marvão está no alto da Serra de São Mamede, repleta de castanheiros, é famosa a sua Festa do Castanheiro, no segundo fim de semana de novembro. Ônibus levam e trazem os visitantes do estacionamento até a porta da aldeia, cujas ruelas ficam repletas de curiosos e de vendedores de iguarias e artesanato local baseado na castanha: bordados feitos com aplicação da casca de castanha, escadas e até cestos feitos com a madeira do castanheiro são encontrados nas lojinhas espalhadas pela aldeia. Concertos de música medieval, renascentista e moderna; provas de vinho; jograis e encenações de teatro pelas ruas são algumas entre as variadas atividades que costumam animar Marvão durante esse fim de semana. Como parte dos festejos, os restaurantes locais apresentam cardápios utilizando castanhas do início ao fim. A feira geralmente começa em torno das dez e meia da manhã e vai até as seis, sete da tarde, mas é melhor confirmar nos postos de turismo.

Nisa

Ao contrário das ruas apertadas de Castelo de Vide, as ruas de Nisa são mais abertas e menos ocupadas por construções. Depois de ter sido destruída pelos vândalos, foi reconstruída pelos templários na versão que perdura ainda hoje. É famosa por seu saboroso queijo, feito com leite de ovelha, e pelo refinado e elegante artesanato: objetos de cerâmica não esmaltada, incrustados com centenas de pedrinhas de calcário branco, formando lindos desenhos; bordados num ponto típico local chamado de alinhavado, meio parente do crivo; toalhas, mantas, almofadas, colchas e cortinas em feltro ou em linho artesanal com aplicações também em feltro, lindos e chiquíssimos, com um certo ar dos recortes de Matisse. No Museu do Bordado, uma singela exposição das artes das bordadeiras de Nisa.

Todos os anos, entre o final de julho e o começo de agosto, acontece na vila a Feira do Artesanato, com expositores da região. Em suas tascas, prova-se a gastronomia regional, além dos queijos, embutidos e doces típicos. Não deixe de conferir o horário da feira, pois varia segundo o dia da semana. O posto de turismo dará essa informação, assim como também endereços de queijarias e de lojas, artesãos e centros regionais de artesanato.

5

O bom e o melhor do Alentejo

Os sabores

Já imaginou combinação mais esdrúxula que cubinhos fritos de carne de porco misturados com amêijoas e coentro? Parece que não combina, mas é uma verdadeira delícia, conhecida por carne de porco à alentejana. Do porco, no Alentejo, comem-se até os pés: os pezinhos de coentrada são petisco frequente nas mesas locais, assim como fazem o deleite de qualquer aficionado alguns cortes típicos do porco preto, entre eles os miminhos, as plumas, os segredos, as burras, a presa, o cachaço e, claro, o lombinho e demais cortes tradicionais. Aqui no Alentejo, há que se provar também o pernil e o ensopado de borrego (que é o carneiro bebê), a caça (viva o arroz de lebre!), o peixe (a sopa de cação, que é um primo pequeno do tubarão, é uma especialidade local com grande personalidade) e os ovos de gemas de um amarelo intenso, protagonistas das mais incríveis sobremesas. Para os brasileiros, muitas vezes é motivo de riso o nome de alguns pratos dos cardápios alentejanos, como a punheta (uma espécie de salada fria) de bacalhau ou os grelos (deliciosa verdura meio parente do brócoli). Ideais se harmonizados com o delicioso vinho Monte dos Cabaços!

A cozinha alentejana se caracteriza pelo uso de três ingredientes básicos: o azeite, o pão e o vinho. O coentro, a salsa, o louro, a hortelã e o alho misturados ao azeite temperam muitas das iguarias salgadas. O pão está presente sobretudo nas sopas, como a açorda, onde entram invariavelmente alho, pão e azeite; e o gaspacho, com os mesmos três ingredientes e mais tomate, pimentão, pepino e cebola. E também nos acompanhamentos, como é o caso das migas, espécie de pirão feito com pão e parceiro ideal para um assado. Os portugueses costumam comer seus magníficos queijos antes ou durante as refeições, não necessariamente ao final da refeição salgada. As variedades existentes no Alentejo são quase sempre feitas com leite de cabra ou de ovelha, e eles podem ser curados ou amanteigados ou secos ou duros ou frescos, enfim, um rol de possibilidades, todas deliciosas.

A história da gastronomia e dos vinhos do Alentejo começa no século VII a.C., quando aqui se fixaram os fenícios. Nesta altura, a uva já era cultivada no Alentejo, mas só então passou a ser utilizada na fabricação do vinho, que era bebido cortado com água, devido ao seu alto teor alcoólico. Segundo o relato de Alfredo Saramago — em seu livro *Gastronomia e Vinhos do Alentejo*, em coautoria com Joaquim Madeira, Clara Roque Vale e Manuel Fialho —, os fenícios introduziram novos métodos na fabricação não só do vinho mas também do azeite, que era utilizado na alimentação, na medicina e também para a iluminação. Trouxeram ainda técnicas para a preparação e a salga do peixe, que com isso passou ser consumido também no interior do Alentejo, não se limitando à costa do país.

Com o declínio fenício no século VI a.C., os celtas se estabeleceram ao sul do Tejo, trazendo hábitos alimentares dos povos da Europa do Norte e do Centro, como a caça e o pastoreio. Consumiam os animais que caçavam e também derivados do leite, como queijos e manteiga. Antes da chegada dos romanos, a comida alentejana era uma mistura da dieta mediterrânea com a celta, o que a fazia diversa e singular.

No século I a.C., chegam os romanos, que preferiram assimilar e respeitar os hábitos locais, mas intensificaram e dinamizaram a agricultura, a horticultura e a preparação do peixe com tecnologias mais avançadas, melhorando a qualidade dos produtos que se comiam. Deram terras férteis a soldados licenciados, incentivando sua fixação; incrementaram a produção de cereais como o trigo, a cevada, o centeio e o milho; passaram à prática da rotatividade dos solos, o que aumentou a produção, que escoavam para regiões mais distantes através de uma boa rede viária. O resultado foi um intercâmbio de produtos que acabou por modificar, diversificar e enriquecer os hábitos alimentares locais.

Os romanos não comiam caça nem carne, única exceção sendo a carne de porco, já então alimentado com a bolota, o que o tornava especialmente saboroso. Preferiam peixes, vegetais, legumes e grãos. Estruturaram as culturas do pão, do azeite e do vinho, que já existiam no Alentejo mas sem nenhum destaque. Passaram a utilizar em sua comida temperos e ervas aromáticas locais, combinando alimentos e preocupando-se com as técnicas de cozimento e a ordem em que deveriam ser servidos. Com isso, estabeleceram uma dieta e uma regra alimentar, abandonando práticas mais bárbaras utilizadas até então e lançando o fundamento da futura cozinha alentejana. Os romanos também intensificaram o cultivo da vinha e implantaram lagares capazes de vinificações melhores e mais rápidas. Incentivando a fabricação local, aboliu-se a importação, da Itália e da Espanha, de ânforas de barro para o vinho e o azeite, e também para a armazenagem e o transporte do peixe.

Mas nos séculos III e IV d.C. os romanos e os bárbaros entram em luta pelo poder. As estruturas políticas e sociais do império romano estavam arruinadas, o que repercute nos modelos alimentares das duas partes em conflito: os romanos continuavam ligados aos produtos da terra, como os cereais, os legumes e as frutas, que os bárbaros desprezavam pela carne. Mas estes acabam aceitando o modelo romano, e, como consequência, o pão, o vinho e o azeite — símbolos da civilização mediterrânea que foram sacralizados pela liturgia cristã — entram com força na Europa germânica, sendo adotados pelas aristocracias bárbaras. Também a caça e a pesca passam a ser valorizados, já não sendo mais vistas como atividades bárbaras nem como "coisas de pobres".

Com o declínio e o fim do império romano, surge um mundo novo, de ascendência germânica, onde a Igreja passou a ter um poder crescente. As estruturas criadas pelos romanos se desagregavam, mas os povos bárbaros, que entraram no Alentejo por volta do século V d.C., não chegaram com vontade de destruir. Ao contrário, "respeitaram a romanização que encontraram, deixando que a sociedade se fosse estruturando lentamente, de acordo com seus valores e circunstâncias", como comenta o autor Alfredo Saramago.

Em seguida, vieram os mouros, que chegaram no Alentejo no século VIII, e só saíram no século XIII, trazendo com eles a técnica da hidráulica, o que aumentou a superfície de regadio, possibilitando plantações novas e melhorando as já existentes. Aumentaram também a área destinada às oliveiras e à vinha e plantaram muitas laranjeiras e limoeiros. Os muçulmanos, porém, não comiam carne de porco, preferindo a de carneiro, as aves, a caça e, muito raramente, a carne de vaca. Os peixes eram consumidos aonde chegavam com mais facilidade, mas não eram considerados alimentos de grande valor dietético ou gastronômico. Frutas e legumes eram consumidos durante todo o ano, e, como gostavam muito de doces, foram eles, os mouros, que divulgaram as compotas e geleias de frutas, os figos secos e em calda, a uva-passa. Na confecção dos doces, utilizavam muitos ovos, amêndoas, nozes, avelãs, açúcar e canela, ingredientes ainda hoje característicos da doçaria alentejana. À parte as receitas que levavam porco, a cozinha árabe é outra grande fonte da cozinha alentejana, em especial a açorda e as migas, e também o ensopado e o assado de borrego e as receitas com grão-de-bico, ainda hoje grandes especialidades locais.

No século XIII, a Reconquista fez desaparecer da alimentação alentejana vários produtos que estiveram presentes durante os cinco séculos de domínio árabe: as especiarias e o açúcar saíram do uso corrente; as frutas e legumes perderam seu lugar de destaque em favor de um novo tipo de alimentação onde predominava o consumo de porco, cuja criação aumentou consideravelmente, enquanto o carneiro passou a ser mais utilizado para a produção de leite, a criação de borregos e a retirada da lã. Na dieta do campo, diminuiu o consumo de carne e aumentou o consumo de cereais, já que também o boi se reservava para o trabalho rural. Com a reconquista de seu território e a necessidade de repovoá-lo, o rei passou a dar terras a muitos que tinham ajudado na chamada "cruzada contra os infiéis: nobres que se notabilizaram na guerra, aventureiros que batalharam por conta própria, clero, mosteiros e ordens militares viram repartido entre si a maioria do Alentejo", explica Alfredo Saramago.

Os conventos da época eram ricos, tinham gado, hortas, vinhas e adegas próprias, e funcionavam também como pousadas tanto para o rei como para pessoas de posses e de poder. Sua cozinha era esmerada, e muitas de suas receitas, especialmente a doçaria conventual, se fixaram no cardápio alentejano. Basta ver o nome de algumas de suas especialidades: toicinho do céu, papos de anjo, barriga de freira, pastéis de Santa Clara, todos caídos diretamente do céu... A maior parte desses doces é feita com uma abundância de gemas, já que as claras eram utilizadas nos conventos como goma de passar roupa.

Nos anos 1500, a chamada época da expansão, o rei D. João III mudou-se para Évora com sua corte, fidalgos e funcionários administrativos, fugindo das pestes e da fome para as terras de trigo, onde não faltariam o pão nem a comida para alimentar todo esse pessoal. Estabelecem-se então duas dietas distintas: a do nobre, mais refinada; e a do plebeu, mais grosseira. Mas o que parecia ser uma cozinha popular e burguesa entre os séculos XV e XVII, passou a ser aristocrática nos finais do século XVIII: seguindo as regras de austeridade ditadas pelas ordens religiosas, a alimentação conventual na época passou a valorizar os produtos simples e de boa qualidade, tratados sem ostentação e com um toque rural. E essa passou a ser a tônica culinária da época.

No século XIX, o arroz e a batata — trazida para Portugal via Inglaterra, daí ser também conhecida por batata inglesa — passaram a fazer parte da alimentação alentejana. E a distinção entre a comida de rico e a comida de pobre não eram mais as receitas e sim a quantidade e a frequência com que certos produtos — como a carne, por exemplo — passaram a frequentar as respectivas mesas. Ainda hoje, a refeição básica no Alentejo inclui os mesmos produtos: pão, azeite e vinho. Esta comida regional vem sendo cada vez mais valorizada por suas receitas descomplicadas, generosas e saborosíssimas.

Bom que se farta

Transcrevo algumas receitas do famoso restaurante Fialho e outras da D. Joaquina e da Sandra, nossa cozinheira esporádica, duas maravilhosas mulheres de Vimieiro que, com suas mãos de fada, fazem a nossa vida em casa mais agradável ainda. São receitas que costumam fazer quando queremos mergulhar na delícia dos sabores alentejanos. Como diriam os espanhóis, *qué rico*!

Os pratos salgados começam quase todos com um bom refogado de azeite com alhos, cebola e louro. A partir daí, quase sempre uns coentros, uns pimentões. As carnes, quando são fritas no refogado, deixam na panela uma espécie de borra, que é uma gordura temperada que os alentejanos chamam de *pingo*, aproveitado como a base para o sabor do caldo da receita.

SALGADOS

Açorda alentejana

Num pilão, amassar coentros com alhos e sal. Colocar no fundo da tigela onde vai servir a açorda, acrescentar azeite e água fervendo. Misturar os ingredientes e acrescentar pão alentejano, partido em cubos. Acrescentar ovos escalfados. Se quiser, no lugar dos ovos pode acrescentar sardinhas assadas ou fatias de pescada cozidas na água da açorda. Uma outra versão deste prato faz-se com postas de bacalhau, que são cozidas em água e postas à parte. Deitar a água do bacalhau, devidamente temperada de sal, sobre o azeite, os coentros e alhos pisados e os pedaços de pão. Servir o bacalhau e os ovos escalfados numa travessa separada. *(Joaquina Genebra Coelho da Silva)*

Arroz de espinafre

Fazer um refogado com azeite e alho. Depois, acrescentar coentros picados, louro e espinafres, sal e um pouquinho de água. Juntar em seguida o arroz e ir jogando água aos poucos para ir cozinhando sem afogar o arroz. Ótimo acompanhamento para assados. (*Joaquina Genebra Coelho da Silva*)

Carne de porco à alentejana

Temperar quilo e meio de lombo de porco cortado em cubos com massa de pimentão (ver receita adiante), uns seis dentes de alhos amassados, sal e pimenta. Deixar descansar por duas horas. Colocar meio quilo de amêijoas de molho em muita água com sal grosso, para retirar a areia. Fritar a carne em azeite ou em três colheres de sopa de banha de porco, em fogo forte. Depois de quase frita, regar com um copo de vinho branco e cozinhar em fogo brando. Juntar as amêijoas, tapar a panela e levar de volta ao fogo até que as amêijoas se abram. Polvilhar com coentros picados. Acompanhar com batatas fritas aos quadrados.

Coelho à caçadora

Fazer uma vinha-d'alhos com azeite, cebola, alho, salsa, louro, 1 cravinho-da-índia, sal e pimenta. Deixar macerar o coelho por no mínimo 2 horas, idealmente de véspera. Fritar ligeiramente em azeite os pedaços de coelho. Acrescentar vinho tinto e água aos poucos, para ir cozendo. Servir com arroz branco. (*Joaquina Genebra Coelho da Silva*)

Empada de galinha em massa quebrada

Deixe uma galinha em infusão, durante um dia, em água temperada com sal e com uma cebola cortada às rodelas, um ramo de salsa, um copo de vinho branco, uma colher de sopa de vinagre, uns grãos de pimenta preta, um cravinho, um cheirinho de noz-moscada e um ramo de manjerona. No outro dia, coza a galinha nessa infusão e junte 200 gramas de toicinho e uma linguiça. Depois de muito bem cozida, retire a galinha. Desosse-a completamente e passe o caldo por um passador fino. Para fazer a massa quebrada, misture 300 gramas de farinha, uma chávena de água onde foram cozidas as carnes da empada, uma colher de sopa de banha e outra de azeite. Amasse bastante, deixe descansar e só a estenda passadas 2 horas. Unte as formas com banha, forre-as com esta massa e, em cada empada, ponha a carne da galinha, um bocado de toucinho, um bocado de linguiça e um pouco de caldo. Leve ao forno até que as empadas fiquem cozidas e douradas. (*Manuel Fialho*)

Nota: a galinha utilizada nesta receita é a do campo, mais dura que o frango.

Ensopado de borrego

Cortar em pedaços o peito e as costelas do borrego. Fazer um refogado com azeite, louro, cebola e alho bem picados. Deixar dourar um pouco, acrescentar o borrego, colorau, sal, pimenta e salsa picada. Deitar água e vinho branco aos poucos, para ir cozendo o borrego. Quando estiver quase cozido, juntar batatas cortadas em cubos. Servir sobre fatias finas de pão alentejano endurecido. (*Joaquina Genebra Coelho da Silva*)

Ervilhas com ovos

Ponha num tacho duas colheres de sopa com banha e refogue uma cebola picada, três dentes de alho picados, uma folha de louro e uma colher de chá cheia de colorau. Deixe alourar e deite as ervilhas temperadas com sal. Acrescente a água necessária para as cozer. Deite uma colher de sopa de açúcar. Pique um pouco de hortelã por cima das ervilhas. Escalfe uns ovos com o tacho tapado. (*Manuel Fialho*)

Lombo de porco com amêijoas

Pise uma cabeça de alho com sal num almofariz. Junte duas colheres de sopa de massa de pimentão e esfregue num lombo de porco com um quilo. Ponha o lombo num recipiente fundo, deite um copo de água e um copo de vinho branco e deixe tomar gosto de um dia para o outro. Corte o lombo em fatias com um dedo de grossura e passe-as por 125 gramas de banha. Deite sobre elas quilo e meio de amêijoas, com casca, e ponha uma tampa na frigideira para as amêijoas abrirem bem. Depois de abertas, o prato está pronto. Sirva com um pouco de salsa picada por cima. (*Manuel Fialho*)

Massa de pimentão

Limpar os pimentões vermelhos com um pano úmido, sem lavá-los debaixo da torneira para não ficarem aguados. Abri-los ao meio, retirar as sementes e encher as metades até a borda com sal grosso. Colocá-los numa cumbuca e deixar ficar nesta salmoura por 3 semanas, até que eles esmirrem, depois de desprender muita água. Passadas as 3 semanas, moê-los no moedor de carne e despejar tudo num frasco, que se tapa com um pano branco molhado em azeite. Utiliza-se esta massa para temperar carnes. Se der bolor, basta retirar esta camada e continuar usando a massa. Pode ficar guardado até um ano. (*Sandra Cristina Correia Salvador*)

Migas com carne de porco

De véspera, temperar o lombo e o entrecosto de porco com massa de pimentão, alhos amassados com sal, louro e vinho. Fritar a carne em banha de porco ou azeite e separar. Numa panela, colocar fatias duras de pão alentejano, regar com um pouco de água quente e bater com uma colher de pau. Pouco a pouco, ir juntando a gordura que sobrou na panela da fritura das carnes, até desfazer o pão e a massa descolar da panela. Se for necessário, ir acrescentando mais água aos poucos, até fazer uma espécie de rolo com esta massa. Servir acompanhando a carne de porco.

Migas ou miolos de couve-flor

Com o resto de caldo que sobrou na panela da fritura da carne de porco que vai acompanhar estas migas, fazer um refogado com alho e louro. Juntar a couve-flor cozida e espremida, para retirar o excesso de água. Depois de bem refogado, juntar o miolo do pão alentejano duro que se triturou no liquidificador. Acrescentar ovos batidos com um pouco de vinagre e bater esta mistura com a colher de pau até descolar da panela e fazer uma espécie de rolo. (*Sandra Cristina Correia Salvador*)

Migas gatas

Cozer o bacalhau e desfiar. Na água da cozedura, colocar o pão alentejano em fatias muito finas. Bater com colher de pau até o pão ficar bem desfeito. Fazer um refogado com azeite, alho, louro e sal. Misturar ao pão, acrescentando um pouquinho de vinagre e o bacalhau. Come-se frio ou quente, acompanhando bacalhau ou peixe fritos. (*Sandra Cristina Correia Salvador)*

Outra versão desta receita é do Restaurante Fialho:

Coza uma posta de bacalhau e guarde a água da cozedura. Desfie o bacalhau. Num tacho de barro, deite um decilitro de azeite e frite um dente de alho. Parta 750 gramas de pão em fatias, deite-as dentro do tacho e verta a água onde cozeu o bacalhau. Abafe um pouco. Com uma colher de pau, bata as migas, e quando estiver o pão quase desfeito, misture o bacalhau desfiado. Tempere de sal, e se for necessário, e se gostar, regue-as com mais um fio de azeite. (*Manuel Fialho*)

Ovos à hortelão

Faça um refogado, em duas colheres de sopa de azeite, com uma cebola picada muito fina, seis dentes de alho picados, uma folha de louro, metade de um pimento encarnado cortado às tiras e quatro tomates partidos aos bocados, sem pele nem pevides (sementes). Quando o refogado estiver pronto, desfaça o mais que puder todos os ingredientes com a ajuda de uma colher de pau. Tempere de sal e deite os ovos que vão refogar no escalfado. (*Manuel Fialho*)

Perdiz com couve lombarda

Temperar a perdiz com sal e alho, enrolar com tiras de toicinho e levar ao fogo para dourar. Depois de dourada a perdiz, acrescentar cenouras, linguiça, presunto cru, cebolas pequeninas, pimenta e vinho branco. Voltar ao fogo. Depois de pronta, enrolar a perdiz com folhas cozidas de couve lombarda e servir com todos os ingredientes com que foi cozida.

Perdiz de escabeche

Tempere duas perdizes com sal e pimenta branca e deite-lhe para dentro da barriga um copo de vinagre de forma que este envolva todo o interior da perdiz. Regue as perdizes com um fio de azeite. Deixe-as repousarem durante 1 hora. Numa frigideira, faça um refogado, em dois decilitros de azeite, com quatro cebolas cortadas às rodelas muito finas, seis dentes de alho picados e uma folha de louro esmagada. Quando a cebola estiver quebrada, deite as perdizes cortadas aos pedaços e deixe que refoguem e estufem durante 40 minutos. Ao fim desse tempo, retire as perdizes e desosse-as completamente. Ao refogado, junte mais duas colheres de azeite, um copo de vinho branco, um copo de vinagre, grãos de pimenta branca e dois cravinhos. Deixe ferver até que o molho reduza um pouco. Deite as perdizes cortadas dentro, refogando-as mais cinco minutos. Prove e veja se quer deitar mais sal ou mais vinagre. Num prato fundo, deite os bocados de perdiz e cubra-os com a cebola e o molho de escabeche. Deixe ficar durante um dia e sirva depois. (*Manuel Fialho*)

Perdiz na panela

Deite numa panela de barro uma perdiz, dois dentes de alho picados, dois dentes de alho amassados, duas cebolas pequenas cortadas às rodelas finas, uma cenoura cortada às rodelas finas, um copo de vinho branco, dois copos de água, meia dúzia de grãos de pimenta preta, duas colheres de sopa de azeite, uma colher de sopa de banha, 125 gramas de toicinho cortado aos bocados pequenos e um ramo de cheiros feito com manjericão, salsa e uma folha de louro. Tempere com sal. Deixe ferver em fogo brando durante hora e meia. Se for necessário, acrescente água aos poucos. (*Manuel Fialho*)

Sopa de cação

Fazer um refogado com azeite, alho, cebola, louro e coentros. Deitar água e sal e deixar ferver. Acrescentar o cação em postas. Depois de cozido, retirá-lo e fazer uma calda com água, vinagre, farinha de trigo e colorau. Deitar esta mistura no caldo de peixe e deixar engrossar um pouquinho, em fogo baixo. Colocar o peixe de volta no caldo e servir sobre fatias finas de pão duro. (*Joaquina Genebra Coelho Silva*)

Sopa de grão-de-bico com espinafres

Cozinhar o grão-de-bico em água e sal. Fazer um refogado com azeite, coentros, alho e cebola picados. Bater no liquidificador os grãos cozidos, a água do cozimento e o refogado, para ficar um creme aveludado. Levar ao fogo, acrescentar as folhas inteiras de espinafre e servir assim que o espinafre estiver cozido. *(Joaquina Genebra Coelho Silva)*

Outra versão desta receita é do Restaurante Fialho:

Refogue quatro dentes de alho picados, uma folha de louro e uma colher de colorau em decilitro e meio de azeite. Deite litro e meio de água e deixe ferver. Deite meio litro de grãos, previamente demolhados, e deixe cozer. Tempere de sal. Quando os grãos estiverem quase cozidos, deite um molho de espinafres. Acompanha-se esta sopa com rodelas de cebola crua temperadas com vinagre. (*Manuel Fialho*)

Sopa de tomate à alentejana

Deite num tacho duas colheres de sopa de azeite e frite uma linguiça às rodelas e 200 gramas de toicinho às fatias finas.

No pingo que ficou, faça um refogado com três cebolas picadas, três dentes de alho cortados às lamelas (lâminas) finas e quilo e meio de tomates limpos de pele e de pevides (sementes). Tempere com sal e um pouco de pimenta preta. Acrescente litro e meio de água e deixe apurar bem. Deite uma colher de sopa de açúcar. Quase no final de cozedura, deite um pouco de orégano e escalfe quatro ovos. Coloque fatias de pão numa terrina e deite o caldo por cima. Os ovos, o toucinho e a linguiça são servidos separadamente. (*Manuel Fialho*)

A versão *light* deste prato é receita da D. Joaquina:

Fazer um refogado com azeite, cebola, alho, louro, sal e uma pitada de orégano. Depois, juntar os tomates picados e ir pingando água aos poucos, até o tomate amolecer. Servir sobre fatias finas de pão duro, acrescentando ovos escalfados ou então desfeitos para serem misturados ao caldo. Pode-se substituir os ovos por carapaus ou pescada cozidos na sopa. (*Joaquina Genebra Coelho da Silva*)

DOCES

Bolo Podre de Estremoz

6 ovos
200g de açúcar
2 xícaras de mel
¾ xícara de azeite

250g de farinha de trigo
1 colher de chá de fermento
raspa da casca de 1 limão
1 colher de café de erva-doce
1 colher de café de canela

Bater os ovos inteiros com o açúcar. Juntar 1 copo de mel, a raspa de limão, a erva-doce, a canela. Mexer bem. Adicionar a farinha, misturada com o fermento. Bater bem. Levar ao forno a 180º, em forma untada, sem furo. Depois de cozido, desenformar, furar com um garfo e regar com o restante do mel aquecido.

Pastéis de Toicinho de Arraiolos

Massa:
½ kg de farinha de trigo
120g de banha de porco
água morna
sal

Amassar a farinha com a água morna muito levemente. Misturar os demais ingredientes. Abrir com o rolo sobre mármore polvilhado de farinha. A massa deve ficar fininha. Forrar forminhas de empada untadas com manteiga e rechear com o creme.

Creme:
½ kg de açúcar
230g de toicinho fresco e moído
230g de amêndoas moídas
7 gemas

Cobrir o açúcar com água e levar ao fogo até ficar em ponto de fio. Juntar o toicinho moído e as amêndoas. Deixar ferver para cozinhar o toicinho. Tirar do fogo e deixar esfriar. Juntar as gemas batidas e voltar ao fogo para cozer. Deixar esfriar novamente e rechear as forminhas. Levar ao forno. (*Sandra Cristina Correia Salvador*)

Pudim de água de Estremoz

14 gemas
1/2kg de açúcar
50g de manteiga
1 copo de água

Misturar o açúcar com as gemas, sem bater. Derreter a manteiga em banho-maria e acrescentar à mistura de gemas com açúcar. Juntar a água. Levar ao forno moderado em banho-maria, em forma de canudo untada com manteiga. Esperar esfriar antes de desenformar.

Sericaia

6 ovos
250g de açúcar
½ litro de leite
6 colheres de sopa rasas de farinha de trigo
1 pau de canela
casca de 1/2 limão siciliano
canela em pó

Bater bem as gemas com o açúcar. Dissolver a farinha no leite e acrescentar aos poucos as gemas com o açúcar, o pau de canela e a casca de meio limão de casca amarela. Levar ao fogo brando, deixando ferver até virar um creme espesso. Tirar a panela do fogo e deixar esfriar. Tirar a canela e a casca do limão. Bater as claras em neve e juntar a esta mistura, que deve ser colocada num prato baixo e raso que possa ir ao forno e à mesa, de preferência de barro. Salpicar com canela e levar ao forno a 180º. O segredo está na maneira de colocar as colheradas: uma num sentido, outra no outro, para que se abram em fendas na hora de assar. Servir preferencialmente acompanhado de compota de ameixas rainha-cláudia, com a calda bem espessa. Em Portugal, esta compota é conhecida como ameixas d'Elvas.(*Sandra Cristina Correia Salvador*)

Algumas delícias locais

As ameixas d'Elvas

Este doce dulcíssimo de ameixas em calda utiliza apenas a variedade rainha-cláudia verde. É ideal para acompanhar a sericaia, sobremesa típica alentejana feita com ovos e leite, cuja receita vai junto com as demais neste livro (ver o capítulo *O Bom e o melhor do Alentejo — Bom que se farta*).

A ameixa chegou a Portugal através dos cruzados que vieram de Damasco no século XII, mas esta variedade apareceu um pouco mais tarde. Nos conventos de Elvas, no século XV, elas já eram preparadas em calda ou cristalizadas, utilizando-se sempre os mesmos únicos ingredientes — água, açúcar e ameixas —, e não havia mesa de reis, nobres e fidalgos em que não comparecessem. Um luxo só.

Para o cultivo das ameixas ideais, são necessárias as condições climáticas que se encontram no Alto Alentejo: muita umidade, temperaturas muito altas no verão e muito baixas no inverno. Em julho, os frutos estão bem maduros, e é quando começa a produção desses doces tão especiais. A princípio, eram confeccionados em pequenas fábricas familiares, que chegaram a ser mais de 30, mas muitas acabaram por desaparecer, e outras se transferiram para Estremoz. Hoje, podem ser comprados em confeitarias, em algumas barracas na feira de Estremoz e ainda através dos tels. 268 628 364 (Fábrica das Ameixas d'Elvas, em Elvas) e 268 332 774 (Fábrica Rainha Santa, em Estremoz).

O azeite

O termo azeite provém do vocábulo árabe *azzait*, que significa sumo da azeitona. Gracinha, né?, especialmente porque soa quase como os portugueses pronunciam a palavra. O azeite é antioxidante, tem alto valor nutritivo e é a mais digestiva das gorduras alimentares. É utilizado não só na alimentação, mas também na cosmética, sem falar nos santos óleos religiosos, lembrando ainda que era o que fazia arder as lanternas de antigamente.

Foram os romanos que trouxeram para Portugal as técnicas utilizadas na Itália para processamento da azeitona, o fruto da oliveira. Hoje em dia, são raros os lagares à moda antiga, onde as azeitonas eram comprimidas através da pressão de uma roda de pedra, também chamada de mó, impulsionada por mulas a ela atreladas e que a faziam girar na horizontal em torno de um eixo vertical. Há pouco estivemos numa casa em Mallorca, na Espanha, para acompanhar uma primeira pressão tirada assim, e provar desse sumo extraordinário que é o azeite extravirgem recém-espremido. Foi um acontecimento que reuniu amigos naquele lagar antigo, de paredes de pedras iluminadas com velas, todos mergulhando seus nacos de pão naquele néctar esverdeado que escorria gordo e cheiroso mó abaixo.

Tanto o azeite virgem como o extravirgem têm sabor e cheiro intensos e são ideais para serem consumidos crus; o simples azeite de oliva é uma mistura de azeite virgem com azeite refinado, e é bom para ser utilizado em pratos que vão ao fogo. De mais picante a mais doce, todos devem ser usados sem moderação; portanto, despeje pra valer! E um conselho: compre o melhor azeite que encontrar, pois não vai se arrepender. De preferência, não compre azeite velho. Procure um azeite novo, cheque a data para o seu consumo e utilize-o até 18 meses depois da pressão. Idealmente, guarde-o em garrafa escura, longe da luz do sol.

As azeitonas começam a escurecer e a ficar maduras no pé a partir de outubro, mas devem ser colhidas ainda verdes se vão virar conserva. Para o consumo doméstico, esse é um processo que requer uma certa paciência, pois a azeitona é amarga e precisa de alguns cuidados para ficar doce. Depois de lavadas e retalhadas, são colocadas em potes de barro com água, que é trocada todos os dias durante umas três semanas. Depois desse tempo, são temperadas com sal, orégano, alho e louro, e voltam novamente para o pote com água. Assim ficam as nossas azeitonas verdinhas, boiando nessa conserva.

A partir de meados de novembro, as demais azeitonas estão completamente maduras no pé, e é a hora de serem retiradas. Primeiro, forra-se o chão com mantas ao redor de cada árvore, e depois fustigam-se os galhos com umas varas compridas. As azeitonas vão caindo sobre as mantas, e as que sobram nos galhos são colhidas com as mãos. Depois de recolhidas, são levadas para um lagar industrial, onde são espremidas e esmigalhadas, transformando-se em azeite.

A colheita da azeitona pode ser contratada de variadas modalidades, sendo muito comum o sistema em que o apanhador fica com 2/3 do total das azeitonas que apanha. Do terço que sobra para o dono do olival, retira-se 1/3 para o dono do lagar. No nosso caso, quando recebemos o azeite que nos cabe ao final desse processo, costumo separar uma parte onde mergulho uns galhos de alecrim do jardim, o que lhe dá um sabor todo especial.

O azeite alentejano é, no momento, um mercado em pleno crescimento. Há duas regiões demarcadas: a do Alto Alentejo, que usa a azeitona do tipo galega, autóctone e a mais comum em Portugal, que serve para conserva e que dá ao azeite um frutado suave que o torna leve e doce; e a da região Moura-Barrancos, à margem esquerda do Rio Guadiana, que além da azeitona galega utiliza também as variedades verdeal e cobrançosa, do que resulta um azeite mais picante e mais amargo. Cada lote de 100 quilos de azeitonas rende cerca de 13 litros de azeite nas regiões mais pobres, e 25 litros ou mais nas regiões mais ricas, como ao redor de Moura, por exemplo. Todos divinos, saborosíssimos, derramados com fartura sobre os pitéus alentejanos.

O melão-marmelinho

Ontem foi dia de epifania: fui apresentada ao melão-marmelinho.

O melão-marmelinho está para o melão assim como a papaia está para o mamão. É pequeno, cheiroso, doce, macio, amarelo, tem pele sedosa e a forma vaga de um marmelo, e deve ser comido agradecendo-se aos céus por tal delícia. Pois bem, o melão-marmelinho é natural de Vimieiro, a nossa vila portuguesa. Nasceu de cruzas feitas de outros melões por um certo Sr. Fandango, e seu sucesso foi tal que nosso atual empregado, que tinha uma plantação dos ditos melõezinhos, chegava às 5 da manhã à feira de Évora com 15 toneladas dos ditos cujos e às nove já tinha vendido todos. Outras vilas começaram a plantá-los, mas os de Vimieiro eram os mais cobiçados. De repente, chegou a concorrência. De outras zonas de Portugal, chegaram o chamado melão pele-de-sapo e ainda o melão-de-mel; também o melão-de-palha branca, igualmente conhecido por melão casca-de-carvalho, que tem a casca escura e resiste melhor no inverno. Sem falar no melão espanhol. E agora até o brasileiro. Diante disso, o delicadíssimo melão-marmelinho sumiu do mapa, perderam-se suas sementes, e, não fosse a descoberta recente de um frasco com algumas delas, teria ficado apenas na história. Para nossa grande alegria, renasce agora em terras de nosso vizinho. Que volte à mesa portuguesa, no lugar de honra que merece.

Ah, um detalhe curioso é que em Portugal o melão pode ser masculino ou feminino. Explico-me: o melão é oblongo, semelhante à bola de futebol americano. Aquele redondinho feito uma bola de futebol brasileiro é chamado aqui de meloa.

O presunto de Barrancos

Os espanhóis que me perdoem, mas o presunto de Barrancos é de se tirar o chapéu. Preparado com o pernil do porco preto alentejano e cortado a faca em lascas transparentes de finas, é um verdadeiro manjar dos deuses. Esse porco é descendente do javali *sus mediterraneus* e, devido à sua genética e à inexistência de cruzamentos com outras raças, tem maior capacidade de infiltração de gordura intramuscular, o que dá à carne uma untuosidade e uma textura únicas, sem falar no paladar e no aroma inconfundíveis. E, melhor de tudo, o ácido oleico proveniente da bolota, o principal alimento desses animais, ajuda a regular o colesterol. Melhor prazer não há.

Portugal tem mais de metade da superfície mundial de bosque — aqui chamado de montado — de sobreiros e azinheiras, cujo fruto é a bolota, o que equivale a 1.125 mil hectares; tem a maior área disponível de montado por animal, ou seja, 2,5ha/porco; além da maior densidade de árvores por hectare. Os porcos pastam pelos campos de azinheiras e sobreiros durante uns 14 a 16 meses. Percorrem de 2 a 3 hectares por dia, ingerindo de 7 a 10 quilos de bolotas, o que significa um aumento diário de um quilo, até alcançar uns 140 quilos. São sacrificados no final do inverno, princípio da primavera, época ideal para iniciar a secagem natural, em geral em grandes armazéns com janelas que se abrem ou fecham diariamente, de acordo com os ventos, a temperatura exterior, o sol e a chuva. A baixa temperatura favorece a desidratação e a secagem.

Barrancos, que tem ar puro e fresco, umidade relativa anual de 70%; temperatura máxima de 38 a 40ºC em julho/agosto e mínima de 3 a 5ºC em dezembro/janeiro, tem características naturais fundamentais para a cura lenta e natural do presunto. As peças, que pesam aproximadamente entre 7 e 9 quilos, repousam até o final do verão. À medida que vai subindo a temperatura, mais o presunto sua e desidrata, quando então o ácido oleico proveniente da bolota se infiltra nas fibras musculares. A duração dessa secagem natural é variável. O presunto de Barrancos, D.O.P., da Casa do Porco Preto, repousa durante 24 a 30 meses na escuridão das caves e vai maturando gradualmente até chegar ao ponto de ser consumido. O resultado é um presunto extraordinário, vendido a peso de ouro e que só tem recebido prêmios e elogios.

Em Portugal, chama-se de presunto o que nós, brasileiros, chamamos de presunto cru, e os espanhóis chamam de *jamón*. O que no Brasil se chama presunto, em Portugal se chama fiambre, e, na Espanha, *jamón de York*.

O queijo de Vimieiro

A descoberta da queijaria de Vimieiro surgiu no acaso de uma conversa na nossa cozinha. Sandra, a cozinheira que nos ajuda eventualmente, chegou esbaforida e, no meio de seu afã de preparar o almoço para os nossos amigos que estavam a ponto de chegar, comentou que sua sogra trabalhava na queijaria da vila. Claro que no dia seguinte fui visitar a queijaria Monte da Vinha (www.montedavinda.com). Bem, revelação extraordinária: em Vimieiro, faz-se o melhor queijo amanteigado que tenho comido por este Portugal afora. São famosos o queijo da Serra da Estrela e o de Azeitão, e, especificamente no Alentejo, o de Nisa e o de Serpa, mas o de Vimieiro também arrasa.

No Alentejo, costuma-se comer queijo de ovelha ou de cabra, em geral com a casca dura e a massa mais ou menos rija. O amanteigado de Vimieiro vem embalado com uma faixa de gaze ao redor, para ser comido de colher, depois de retirada a casca do topo. Feito manualmente com leite de ovelha e sem aditivos, ele se desmancha num creme saborosíssimo. Este passou a ser o meu melhor presente para os amigos, que compro direto na fábrica (Zona Industrial de Vimieiro, lote 1 — tels: 266 467 565 e 919 353 846/829), ou na feirinha de Estremoz e até na seção de queijos do El Corte Inglés, em Lisboa.

Os vinhos

Os vinhos do Alentejo estão na moda, e é facílimo gostar deles: são tão aromáticos, redondos na boca, encorpados, agradáveis, irresistíveis. O maior sucesso. O Alentejo sempre teve as condições naturais para fazer bons vinhos, pois é uma planície de clima árido e quente, solo pobre e sol forte, pouca ou nenhuma chuva no verão, ideais para a maturação plena das uvas. Mas o salto em qualidade que se viu nos últimos 20 anos, quando os vinhos do Alentejo saíram do anonimato, não se deve apenas às boas condições de cultivo.

Com a entrada de Portugal para o Mercado Comum, os produtores passaram a comercializar e a receber investimentos do resto do continente com mais facilidade, atualizando sua produção com técnicas modernas e maquinaria sofisticada. Houve um grande esforço coletivo: renovaram-se as vinhas, modernizaram-se as adegas, contrataram-se técnicos, organizou-se o setor, incentivou-se a cooperação entre todos que estavam ligados a essa cultura. Insistiu-se na plantação de castas nativas, como a *trincadeira* e a *moreto*. As adegas cooperativas, que mantêm lojas abertas ao público, passaram a produzir vinhos com boa relação qualidade/preço, e as adegas particulares, muitas delas tendo contratado enólogos competentes, começaram a engarrafar seus vinhos com marcas próprias. O resultado são esses vinhos com tanta personalidade.

Como os vinhos produzidos nas várias regiões alentejanas não apresentam características tão particulares que permita identificá-las com facilidade, criou-se uma única denominação de origem, *Alentejo*, com oito sub-regiões: Portalegre, Borba, Redondo, Reguengos, Vidigueira, Évora, Granja/Amaraleja e Moura. Todos são denominados *Vinho Regional Alentejano*. O que os distingue são as variedades ou castas de uvas utilizadas na sua elaboração.

Os tintos alentejanos, guardados em barricas geralmente de carvalho, são vinhos macios de cor granada, concentrados de aroma, de corpo, de tanino, com baixo teor de acidez, o que não lhes dá longevidade, mas em compensação permite que sejam bebidos muito mais cedo que os demais tintos de outras regiões de Portugal. Em seu preparo, são utilizadas variadas castas, destacando-se: a *periquita* (ou *castelão francês*), de intenso aroma de frutos silvestres; a *aragonês* (é a mesma *tempranillo*, de Rioja, e *tinto fino*, do Douro) e a *tinta caiada*, ambas com aroma de frutos silvestres; a *moreto*, casta autóctone alentejana que permite que o vinho esteja pronto para ser bebido dois ou três meses depois da fermentação; e a *trincadeira*, uma das mais antigas e tradicionais castas do Alentejo, com aroma de especiarias e até de pimenta. Alguns vinhos utilizam também castas importadas, como *merlot*, *syrah* e *cabernet-sauvignon*.

Os brancos alentejanos utilizam a a*ntão vaz*, de aroma de frutos tropicais maduros e só encontrada no Alentejo; a *roupeiro*, principal casta de uva branca em todas as sub-regiões; a r*abo-de-ovelha*, tradicional do Alentejo, que dá ao vinho um sabor macio e um tom ligeiramente citrino; a *arinto*, não necessariamente dominante no Alentejo, mas aí presente há muitos anos; e a *perrum*, uma casta muito antiga em todo o sul da Península Ibérica. A maior parte deles é consumida no ano seguinte à colheita. São vinhos jovens, secos e leves, ligeiramente frutados. Um dos melhores vinhos brancos de Portugal vem do Alentejo, das cercanias de Évora: é o *Pêra-Manca*. Não perca a ocasião de prová-lo.

As primeiras vinhas no Alentejo foram plantadas provavelmente pelos fenícios, pois descobertas arqueológicas demonstram que o vinho já existia na região antes da chegada dos romanos, mas foram estes que generalizaram a sua cultura, produzindo e armazenando-o em grandes talhas de barro, técnica que ainda hoje é utilizada em algumas adegas alentejanas. Estas talhas chegam a ter capacidade para 2 mil litros e podem pesar, vazias, de 700 a 800 kg. Os vinhos de talha costumam ser mais rústicos e combinam lindamente com a aromática cozinha alentejana. Embora no Alentejo o barro seja matéria-prima para a confecção de todo tipo de utensílios domésticos — das canecas às cumbucas, dos potes aos pratos —, a arte de confeccionar manualmente essas grandes talhas de barro foi-se perdendo com o tempo, e as que se encontram hoje são feitas na roda de oleiro, e não mais pelo talheiro, que chegava a levar quatro meses na confecção de cada talha. Um programa diferente é ir comer petiscos e tomar vinho de talha na singela Taberna do Gato, na aldeia de Arcos, perto de Estremoz. A adega de Joaquim José Gato é famosa em toda a região, pois produz seu vinho, o Talhantiga, utilizando algumas talhas do século XVII. Também na Taberna do Isaías (ver o capítulo *Onde comer*), em Estremoz, come-se rodeado de grandes talhas antigas, e sua deliciosa comida cai como luva acompanhada do vinho da casa — de talha, naturalmente. Os alentejanos adoram.

As visitas às adegas podem ser marcadas diretamente ou através do Gabinete de Apoio das Rotas dos Vinhos (ver capítulo *Dicas e informações*), em Évora, que fornece a relação das adegas que fazem parte do seu circuito, marca visitas e sugere itinerários onde provar o vinho pode ser uma experiência e tanto, sobretudo se acompanhado de umas boas fatias de queijo local, uns chouriços, e às vezes uma bela vista do vinhedo. Mas atenção: tanto a maior parte das adegas como o Gabinete de Apoio estão fechados no fim de semana. Nas adegas e nas cooperativas podem-se comprar os vinhos de sua produção. Um detalhe a ressaltar é que, embora nas estradas haja placas informando que se está no caminho da Rota dos Vinhos, não há identificação das adegas que constam desses percursos.

São três as rotas dos vinhos alentejanos. Na Rota de São Mamede, a que fica mais ao norte, atravessando o Parque Natural da Serra de São Mamede, predominam os vinhos tintos, carregados de cor e corpo, com aroma de frutos vermelhos jovens. A Rota Histórica fica no centro do Alentejo e concentra a maior parte da produção vinícola do Alentejo, com brancos frutados e tintos de cor granada, pouca acidez, sabor de frutos vermelhos maduros. A Rota do Guadiana vai em direção ao sul, produzindo vinhos brancos com aroma intenso e tintos ricos em cor e buquê de frutos e especiarias.

A Serra d'Ossa marca a diferença entre a planície árida e quente, mais ao sul, e uma zona que continua a ser planície, mas é menos árida e menos quente, ao norte da Serra. Portanto, os vinhos do Rio Tejo à Serra d'Ossa são diferentes daqueles da Serra d'Ossa para baixo. Tanto que em Beja, por exemplo, as vinhas rebentam e as uvas amadurecem cerca de um mês antes das de Estremoz, por estarem numa região muito mais quente. A altitude da Serra de São Mamede propicia um microclima mais fresco e úmido, resultando em vinhos mais ácidos, com maior longevidade, e um pouco distintos dos demais vinhos alentejanos.

Uma das principais etapas do processo de vinificação é a fermentação, quando o açúcar natural da uva se transforma em álcool, gerando calor e gás carbônico. O controle dessas duas variáveis nos sistemas modernos, que hoje são a grande maioria no Alentejo, permite produzir um vinho com qualidade constante, ano após ano. Mas isso não quer dizer que os anos excepcionais desapareçam, pois quando, por sorte, o sol e a chuva vêm na hora certa e as uvas saem melhores, o vinho será melhor.

A vindima costuma durar de três a quatro semanas, começando em geral nas últimas semanas de setembro, a partir de quando as adegas entram em frenética atividade, sempre interessante de ser acompanhada de perto. Mas a qualquer época do ano vale a pena visitar as adegas e suas instalações, entrar em suas caves abobadadas repletas de barris, que exalam um agradável aroma de madeira embebida em vinho.

Falando com os entendidos

Francisco Fino continua a tradição da família

O gosto de Francisco Fino pelo vinho parece ser hereditário: sua família está no ramo há mais de 100 anos. Mas

Os passarinhos adoram o nosso telhado

O branco da cal e do mármore contra o céu azul de Estremoz

Monsaraz encarapitada no alto do monte

Fachada de casa em Estremoz

Construindo o teto de abobadilha da nossa sala

O teto da sala depois de pronto

Almoço *al fresco* na mesa da varanda

Rua recoberta de flores de papel, no verão em Campo Maior

As frutas do nosso pátio

Toureiro entrando na arena, em Redondo

As ruas de Redondo também têm verão florido

Nossa casa com as trepadeiras de parra virgem, no auge do outono

Carlos e León

Passeando pelo campo com La Mancha e León

Arco-íris emoldurando as nossas oliveiras

A represa do Alqueva, ao pé de Monsaraz

Nossas lavandas no começo da primavera

O campo florido de amarelo

O campo alentejano

Uma grua retira do caminhão a imensa oliveira centenária

Passeio com La Mancha e León

Nosso campo florido de amarelo

Sr. Diamantino e Oleg na apanha das azeitonas

Pôr do sol no verão, às 10 da noite

Nosso campo coalhado de tremosilhas

Os carneirinhos do vizinho ao lado da vinha

Noite de lua cheia vista da nossa varanda

O castelo de Alter do Chão

O castelo de Monsaraz

Detalhe da entrada da Pousada da Rainha Santa Isabel, em Estremoz

Azul-hortênsia de Arraiolos numa tarde de sol

Nossas lavandas em flor

Os carneirinhos dos vizinhos pedem passagem ao lado de casa

Nosso jardim na primavera

A Rainha Santa Isabel, em Estremoz, diante da pousada que leva o seu nome

O castelo de Estremoz

O templo romano de Évora, diante da Pousada dos Loios. Ao fundo, a torre da Catedral

Nossas oliveiras, depois da chuva lavar o céu

Nosso pátio com a fonte, os limoeiros e o alecrim em flor

Sacada de casa em Évora

A aldeia de Évora Monte, vista da nossa varanda

O primeiro inverno com neve em quase 60 anos

Francisco e sua mulher Verônica só embarcaram em 1984, com a compra de uma propriedade contígua à então adega da família Fino, onde plantaram 10ha de uva tinta e 2ha de uva branca. Com a venda da adega familiar em 1998, Francisco e Verônica seguiram em frente com seu novo projeto: plantaram mais 10ha de uva tinta e criaram sua adega própria, *Monte da Penha*, onde toda a colheita é manual e, na época da vindima, todos metem mãos à obra — família, amigos e colaboradores. Nessa propriedade familiar todos trabalham e ajudam.

As cubas de fermentação ficam no galpão bordejado por vinhas que sobem por arcos em direção ao teto, propiciando uma boa sombra nos meses quentes do verão. É lá que Francisco Fino nos vai dando de provar seu vinho branco e tinto ainda turvos, com apenas um mês de fermentação. Cada uma dessas 6 cubas leva cerca de 21 mil litros de vinho.

De lá seguimos para a adega, onde o vinho tinto repousa em barricas de carvalho francês. As barricas vêm de quatro diferentes fornecedores e vão impregnando o vinho com suas distintas características. Provamos amostras dos quatro caldos que, depois de analisados no laboratório, serão misturados, e deste processo resultará a complexidade de cada vinho.

Depois da visita à sala de provas — que fica ao lado mesmo das vinhas e onde uma mesa na varanda sugere momentos de prazer —, vamos para sua bela casa do século XVIII, onde nos esperavam tira-gostos com um *Monte da Penha Reserva Branco 2007*.

— Este vinho branco é talvez o de que mais gosto agora. É feito com uvas *fernão pires*, *arinto*, *roupeiro* e *trincadeira das pratas*. Não deveria se chamar Reserva, denominação em geral reservada aos tintos, mas na região vinícola do Alentejo as reservas são vinhos com uma qualidade superior — explica Francisco.

Segundo ele, o vinho branco custa muito mais a fazer que o tinto:

— Ambos vão ao desengaçador para retirar os engaços, mas enquanto nos tintos as massas, caroços (aqui chamados *greinhas*) e as películas das uvas vão diretamente para os depósitos para fermentar, no vinho branco as uvas vão diretamente para a prensa, de onde se tira somente o mosto, que depois sofre uma "defecação", isto é, faz-se a precipitação das borras mais grossas durante 3 a 4 dias a baixas temperaturas. Transfega-se então o mosto limpo para outro depósito, e aí a sua fermentação começa lentamente. Leva cerca de 15 dias a transformação do açúcar em álcool. Este processo deve ser bem controlado, para impedir a parada da fermentação. Assim se obtêm os melhores aromas, os bons sabores e uma boa acidez.

Os divinos pitéus foram seguidos de lauto almoço, regado a três tintos diferentes, que já nos esperavam repousando em decantadores: o *Montefino Reserva 2004*, o *Monte da Penha Reserva 2003* e o *Monte da Penha (Fino) Reserva 2004*.

Pergunto-lhe se é bom negócio fazer vinho:

— Quando comecei no *Tapada do Chaves*, em 1995, o nosso vinho tinha imenso nome e era o cartão de visita da família, e foi relativamente fácil tornar o negócio rentável e expandi-lo a bons preços. Mas quando se começou a dizer que o vinho seria um negócio lucrativo em Portugal, toda gente começou a plantar vinha. Hoje o mercado está completamente atolado de vinhos, a concorrência é enorme, tanto em Portugal como no estrangeiro: "dar vinho é fácil, vendê-lo é difícil". Para ser um bom negócio, há que se ter qualidade, nome, uma estratégia específica e diferenciada. No meu caso, por exemplo, só uso castas portuguesas, enquanto a maior parte dos produtores plantou castas internacionais, como a *carbenet sauvignon, a syrah, a merlot*, entre outras, e no final fazem apenas mais um vinho. Tenho um negócio de pequena dimensão e não compito com os grandes produtores mundiais, os meus clientes são "nichos", procuram qualidade e não quantidade.

Francisco diz que o *Monte da Penha* é vendido no Brasil através da *Vinea*, baseada em São Paulo:

— Um importador muito competente, que está fazendo um ótimo trabalho com meus vinhos.

João Portugal Ramos, o senhor engenheiro dos vinhos

Suas vinhas tão bem ordenadas e tão bem tratadas crescem a olhos vistos no entorno de Estremoz. João começou sua plantação em 1989, na dúvida se o fazia apenas para rentabilizar um bocado de terra que havia comprado ao redor da sua casa. Mas, com sua formação de engenheiro agrônomo, especializado em agroindústria — azeite, laticínios, moagem e vinho —, transformá-las em negócio próprio foi uma tendência natural. Sua relação com as vinhas vem de jovem, pois, como a família de sua mãe tinha tradição no ramo, ele cresceu acompanhando sua plantação, seu crescimento e a produção de vinhos. Uma vez plantada sua vinha, decidiu seguir adiante devagar, "dando os passos certos numa altura em que tudo era fácil. Hoje em dia tudo é mais difícil, e a concorrência é brutal", diz. A partir de 1993, criou a sua empresa, já tendo tido muita experiência no setor, trabalhando como consultor para a adega cooperativa de Reguengos e algumas adegas particulares no Alentejo, entre elas a antiga Quinta do Carmo e a Tapada do Chaves. Ultimamente, aumentou bastante sua plantação de vinhas próprias — "vamos plantando devagarinho, como podemos" — para ter maior controle da qualidade de suas uvas e, consequentemente, do seu vinho. A ideia não é aumentar a dimensão da adega nem sua capacidade. É que, como diz ele, "não é de um dia para o outro que se plantam 100ha de vinha".

João ressalta o esforço das adegas cooperativas do Alentejo para o reconhecimento do potencial da região. Houve época em que os vinhedos ocupavam uma área de 10 a 12 mil hectares, as vinhas tinham uma certa idade, a produção era baixa e subsidiada, o preço do vinho era alto e a oferta não acompanhava a procura pelo produto. Como as culturas alternativas à vinha estavam em queda, esta passou a atrair maior interesse. Plantaram-se novas vinhas e castas mais produtivas — como a *trincadeira*, a *aragonês* e a *castelão* —, utilizando-se novas tecnologias. A *alicante bouschet* não era uma casta nova no Alentejo, mas passou a ser mais utilizada, assim como a *touriga nacional*. Nas castas internacionais, muita *syrah*, alguma *cabernet* e algumas outras castas "para dar o sal e pimenta" — como diria o João. Hoje as vinhas alentejanas ocupam cerca de 22 mil hectares, equivalentes a 10% da superfície vinícola de Portugal, produzindo um vinho de excelente qualidade.

— A situação atual é de excesso de oferta — comenta João. Mas, segundo ele, a vantagem é que, com isso, só se vende o que é bom: — O que se produz de menos interessante não interessa a ninguém, e a tendência do vinho do Alentejo é só melhorar.

João acredita que o aumento das vendas dos vinhos alentejanos no Brasil deve-se a essa melhor qualidade:

— Foi uma pena que os portugueses não tivessem trabalhado bem, pois é tão óbvia a sintonia entre Portugal e o Brasil, que, se produzíssemos bons vinhos, venderíamos melhor. A única razão para não o termos feito foi a sua baixa qualidade durante muitos anos. Não basta Portugal apresentar-se com 2, 3 ou 4 produtores bons, se depois aparecem 30 ou 40 maus, como acontecia antigamente. Ao contrário, agora estamos bem porque há mais produtores a produzir melhor; até porque, se não o fizerem, terão que mudar de ramo. Isso é o lado bom da competitividade do mercado, que em última análise reverte a favor do consumidor. Mas, se por um lado temos esta grande vantagem das afinidades culturais com o Brasil, temos desvantagens em relação aos países do Mercosul. Já não vou falar dos custos de produção, que lá são mais baratos do que cá; o problema é o protecionismo, ao abrigo do tratado do Mercosul, que permite que esses vinhos sejam importados a taxas muito diferentes das que paga o vinho português. Isso evidentemente deixa o nosso vinho menos competitivo. Se não fosse isso, Portugal estaria a crescer muito mais no Brasil, não há dúvida nenhuma. E se o governo português conseguisse convencer o governo brasileiro a nos apoiar ainda mais na nossa exportação para um país irmão, com certeza o vinho português estaria a vender ainda muito mais do que está hoje.

Que recomendações João daria a quem fosse abrir uma garrafa de vinho?

— Abrir a garrafa uns 15 minutos antes é sempre melhor do que abri-la e deitar o vinho diretamente ao copo. Mas o tempo de antecedência depende do tipo de vinho, se é reserva ou se é um vinho novo, e não só. Depende de vinho para vinho. Quanto à temperatura, não sou nada radical, sou muito versátil, e acho que as pessoas devem beber as bebidas como lhes apetece. Se querem beber o vinho branco natural, bebam. Se querem frio, bebam. Depende de cada um. Eu tenho o meu gosto pessoal: o que mais detesto é o vinho tinto quente, prefiro frio a quente, mas quando a garrafa chega a vir suada, não. Quando se está do lado de fora, num ambiente quente, e se quer beber algo gelado, toma-se um vinho branco, uma caipirinha, não apetece nada beber um vinho tinto. Mas quando se entra num restaurante, com um ambiente climatizado, é diferente. Isso de cultura é um pouquinho como cá: antigamente em Portugal dizia-se que o vinho tinto devia ser bebido *chambré*, o que para nós era pôr a garrafa aberta na frente da lareira para o beber a 25 graus. Isso é que era o vinho *chambré* — quando o *chambré* depende da temperatura que estiver em *la chambre*. Se estiver a 16, a 16; se a 25, a 25. Isso é que é *chambré*, não é aquecer o vinho. Em Portugal, hoje, já temos maior sensibilidade para servir o vinho na temperatura correta, entre os 16 e os 18 graus, porque o vinho quente perde os aromas, perde a graça, fica tipo sopa!

João Roquette e os muitos projetos da Herdade do Esporão

A Herdade do Esporão é uma caixa de surpresas. Falando com João Roquette, o seu administrador delegado, ficamos sabendo não só o que essa marca produz no momento, mas ainda dos vários projetos que está desenvolvendo para o futuro.

A herdade tem 1.850 ha de área, dos quais 450ha são plantados com vinhas; 90ha são de olival; 130 ha, a superfície do seu grande lago. O resto é montado, ou seja, constitui-se de bosques naturais. É o líder em venda de vinhos de qualidade em Portugal, produzindo e comercializando mais de 10 milhões de litros de vinho por ano, o que dá para abastecer o mercado doméstico e ainda exportar para mais de 50 países em todo o mundo, com realce para os Estados Unidos, Brasil e Angola. Seu projeto de produção de vinhos de qualidade começou há mais de 30 anos.

— Meu pai trabalhava então no Banco Espírito Santo e recebeu uma pessoa que vinha propor ao banco um projeto de produção de vinhos de qualidade que começava com a compra de uma herdade à venda no Alentejo. O banco não se interessou, e meu pai decidiu ele próprio investir tudo o que tinha. Comprou esta herdade em Reguengos de Monsaraz, região onde já se fazia vinho, mas sem a reputação de qualidade que hoje tem, pensando num projeto de grandes vinhos. Quando do 11 de Março de 1975, a herdade foi nacionalizada e nós fomos viver no Brasil; quando voltamos, ela se degradara. Mas o projeto continuava de pé e começou-se a estruturar a vinha, primeiro vendendo as uvas para a cooperativa. Só depois é que montamos a adega com a nossa marca, a Herdade do Esporão — explica João.

E acrescenta:

— Conseguimos provar que se pode fazer agricultura criando marcas internacionais 100% alentejanas. Acreditamos que o Alentejo é uma região onde podemos ter produtos de excelência, dos vinhos ao azeite, aos queijos, à carne, aos cereais. E como além disso tem cultura, história e uma característica estética muito favorável, permite associar também algum turismo.

E é aí que entram três novos projetos do grupo, perto do grande lago do Alqueva: em duas outras herdades de sua propriedade, pretendem construir dois hotéis 5 estrelas e, em torno deles e dos seus serviços, casas que serão postas à venda. Em outra herdade, devem construir um hotel tipo clínica-spa, com especialistas em medicina alternativa e tradicional. Cada herdade terá um campo de golfe. Tudo com grande preocupação ecológica, sem danificar a natureza, com aproveitamento dos recursos naturais, que estão sendo levados em conta também nos projetos de arquitetura.

— São projetos que vão demorar muito para aparecer, coisa de 30 anos, mas tem que ser assim, uma coisa orgânica, como uma aldeia que cresce.

Mas os projetos não param por aí. Em parceria com os produtores do presunto de Barrancos (ver o capítulo *Algumas delícias locais*), tanto os vinhos do Esporão quanto o presunto serão provados nos dois locais, na hora da degustação. Há planos ainda de plantar azinheiras para alimentar com seu fruto um rebanho de porco preto, cuja carne será servida no restaurante da herdade.

E falta falar do seu azeite *premium*, cujo lagar fica próximo dos olivais de pequenos produtores da zona de Moura — a de maior tradição olivareira em Portugal — que o abastecem. Outro lagar deverá ser instalado na Herdade do Esporão, onde já foram plantados 90ha de oliveiras, a serem seguidos em breve por mais 60ha. A ideia é permitir que os cerca de 25 mil visitantes que passam pelo Esporão todos os anos — dos quais quase a metade são brasileiros — possam também conhecer os métodos de fabricação desse azeite de primeira qualidade. Assim, o programa é mais do que completo: adega, lagar, loja, restaurante, passeios de jipe pela propriedade e até acompanhamento, durante o verão, de escavações em outra de suas propriedades, a Herdade dos Perdigões, plantada com 180ha de vinhas e onde foi descoberto um sítio arqueológico.

Como afirmei antes, uma caixa de surpresas.

Julio Bastos repete o sucesso

Julio Bastos nasceu em Madri de mãe espanhola e pai português, viveu em Lisboa, mas desde pequeno vinha muito ao Alentejo, pelo qual sempre foi apaixonado.

— Para mim — diz ele —, o Alentejo é realmente especial. E hoje em dia, com o desenvolvimento das vinhas, temos uns contrastes de zonas que não têm nada a ver umas com as outras, especialmente de Évora para cima: o Norte Alentejo, com suas ondulações: e o Baixo Alentejo, onde predomina a planície. Aqui, onde a luz e o movimento cativam qualquer pessoa, pode-se cultivar quase qualquer tipo de vinha, qualquer qualidade de uva, que vai sempre dar certo.

Sua casa do século XVIII, a Quinta do Carmo, é a mais bonita de Estremoz. Pudera: foi presente do rei D. João V à sua amante Dona Maria, que dá o nome ao vinho que Julio produz atualmente, e é outro sucesso em sua carreira de vinicultor. Seu primeiro êxito foi o renomado *Quinta do Carmo,* que se distinguia dos demais por utilizar uvas *alicante bouschet* provenientes de vinhas antigas, com 150 anos de idade. Este vinho tão especial atraiu a atenção de produtores franceses, Domaines Baron de Rothschild — Lafite, e em 1992 Julio vendeu-lhes metade da sociedade agrícola Quinta do Carmo.

— Quando fiz a *joint-venture* com os Rothschild, que achavam que as vinhas velhas já não davam mais, deixei-me convencer, e essa vinha tão antiga foi completamente destruída e substituída por vinhas novas, que, embora eventualmente pudessem ter características parecidas, não tinham a mesma concentração. Vendi a minha participação na empresa, juntamente com a marca, em 2000 e decidi recomeçar tudo de novo. Encontrei nas redondezas outras vinhas antigas, com 40 anos, nascidas de enxertos das nossas originais, e com elas iniciei o projeto do *Dona Maria*. Voltei, portanto, a recuperar a origem, uma vez que as características são quase idênticas ao antigo *alicante bouschet* que eu usava nos melhores *Quinta do Carmo Garrafeira*, agora misturadas a outras castas francesas e portuguesas — explica Júlio. Para ele, embora a produção das vinhas velhas seja menor, sua qualidade é melhor.

— Como as pessoas, as vinhas mais velhas também têm mais experiência de vida; sabem se adequar melhor ao clima; têm maior concentração. Nas vinhas novas, deito fora muitos cachos na altura do "pintor", que é quando aparecem os primeiros cachos, no Alentejo normalmente em julho, para reduzir a produção por hectare. Prefiro sacrificar a quantidade e obter mais qualidade e concentração nas uvas — explica.

As referências à magnífica casa barroca, comprada por sua família em meados do século XIX, são uma constante durante a nossa conversa.

— Tenho uma sorte tremenda de viver num sítio tão especial no Alentejo, mas digo que não me importava nada de viver num monte, até agradecia. Porque a Quinta dá muito trabalho e muita despesa. Quando foi comprada por minha família, estava muito deteriorada. Lembro-me de meu pai me contar que os azulejos do século XVIII que revestiam as paredes foram encontrados numerados dentro de caixas, possivelmente porque, com as invasões napoleônicas, as pessoas quisessem que suas casas parecessem mais pobres, para que não fossem roubadas. Na restauração da casa, tivemos que montar um *puzzle* com esses azulejos. Os afrescos ainda hoje não estão totalmente recuperados. Venho tentando aos poucos dar à Quinta uns vinhos que se coadunem com a imagem que ela tem. A adega faz vinho há 150 anos, e hoje em dia ainda vinificamos pisando as uvas selecionadas das vinhas velhas nos seus antigos lagares de mármore. E com a renovação da adega, no edifício oposto aos lagares, também vinificamos com as técnicas de hoje, pois temos o que há de mais moderno tecnologicamente. Com isso, tiramos mais qualidade, mais fruta e frescura das uvas, dando ao mesmo tempo mais estrutura e mais volume aos vinhos.

O vinho da Quinta do Carmo era inicialmente vendido à porta, em garrafões, e a granel, para ser misturado a outros vinhos.

— Como toda a gente gostava muito do nosso vinho, quando meu pai morreu decidi que era a altura de começar a comercializá-lo. Comecei em 88, e em 92 apareceram os Rothschild, que ficaram com o nome dos nossos vinhos. Mas eles vieram fazer vinhos franceses no Alentejo, e a partir daí os vinhos mudaram de característica, perdendo autenticidade. Acho que agora, com o *Dona Maria*, estou voltando a fazer os vinhos com as características e a personalidade daqueles que fazia até 1992. Quero fazer um vinho que marque e não apenas mais um, pois no Alentejo estão a fazer muitos vinhos parecidos, já que todos utilizam as mesmas castas e as mesmas variedades.

Ele prossegue:

— O *alicante bouschet*, por exemplo, está plantado em todo lado, mas acho que não tem nada a ver com aquele que estava plantado nas minhas vinhas. Foi minha família que o trouxe de França para cá, e, embora hoje seja lá uma casta praticamente abandonada, aqui encontrou um microclima e um *terroir* adequados para se desenvolver com as suas qualidades. Essa é uma casta que pode dar qualidades extraordinárias, mas tem que ser em produções pequenas. Para mim, é uma casta importante, porque quero marcar a diferença e voltar ao passado, que foi bom. Então, agora é aproveitar o desenvolvimento e o *know-how* que tenho de 20 anos atrás, quando comecei a fazer vinhos.

Sobre os vinhos do Alentejo, Julio garante que sua média de qualidade é superior, com a vantagem de preços muito acessíveis. Sobre a distribuição dos seus vinhos no Brasil, ele comenta:

— Estou a exportar vinhos para o Brasil há pouco mais de dois anos, mas sua distribuição ainda é relativamente pequena.

Miguel Louro é uma figura ímpar

Em sua quinta em Estremoz, Miguel Louro produz um dos melhores vinhos do Alentejo, o *Quinta do Mouro,* cotado por Robert Parker, o grande guru dos vinhos no mundo, como excepcional: nota 95 em alguns anos, como 2003, 2004 e 2005. Ele mora com a família numa grande casa antiga, ao lado do vinhedo, que comprou aos 27 anos com uma economia que tinha feito de sua prática como dentista. Na época, teve grandes dúvidas se comprava essa propriedade ou um Porsche Carrera. Decidiu-se afinal pela casa e começou a fazer vinho como um *hobby*, até que um dia entra no seu consultório de dentista, em Évora, um grande produtor local de vinho. Miguel brinca dizendo que arrancou-lhe todos os dentes para que ele tivesse que voltar e assim pudessem ficar conversando. Tornam-se grandes amigos, provam muitos vinhos juntos, Miguel aprendeu muito com ele. Começou a produzir o seu vinho em pequenas quantidades e ainda hoje, antes de lançá-lo no mercado, deixa-o amadurecendo por três anos e meio em barrica. Comenta que seu vinho não tem sabores frutados de morangos, chocolate ou café: "Sou um produtor de vinho, não de sorvetes."

Depois de um excelente almoço preparado por Conceição, mulher do Miguel e exímia cozinheira, perguntei a ele se fazer vinho é um bom negócio.

— Não sei — disse-me. — Não levo como negócio, mas como algo pessoal. No começo, as facilidades trouxeram-me o convencimento de que dominávamos o caminho certo, mas é preciso lutar constantemente. Resultou num bom negócio, mas, para que isso seja verdade, não se pode abandonar a luta.

Miguel acha que a globalização e a entrada de Portugal para a Europa trouxeram problemas novos à produção de vinho no país, incluindo o Alentejo.

— Tínhamos pouco produto, e isso era a base do nosso sucesso. Mas a partir dos anos 80 aumentamos a área de vinha e o volume da produção e passamos a competir numa área muito mais vasta, coincidindo com uma maior oferta internacional de produtos, inclusive nos mercados onde já estávamos. Junta-se a isso o fato de que investimos pouco em conhecimento: nunca houve em Portugal uma universidade à altura do que este setor precisava, nunca investigamos terrenos, climas, castas, processos de fazer vinho. Tampouco havíamos trabalhado o *marketing* ou a área comercial. Não tínhamos preparado um caminho para vender nem para ter uma produção com maior qualidade. Os produtores estavam acomodados em cooperativas, que tinham os produtos todos vendidos, havia uma gestão muito amadora. O vinho alentejano era mais consumido nas comunidades de imigrantes, vendido a preços muito baixos. É claro que, quando tudo isso se juntou, o negócio tornou-se muito mais difícil.

Segundo Miguel, "assim que tudo se abriu, começamos a

mostrar nossas fraquezas: os problemas aumentaram muito e com eles passou a haver uma maior tomada de consciência. Se isso corresponder a uma capacidade de querer aprender mais, estudar mais, se as universidades olharem para o problema, se o Estado também pensar que tem que colaborar com a iniciativa privada, se todos quiserem trabalhar mais, penso que vamos resolver os problemas".

Para ele, o Alentejo reúne condições invulgares dentro da Europa, porque tem um clima altamente favorável para produzir a preços muito acessíveis os vinhos da gama média requeridos hoje pelo mercado. Ainda por cima, as vinhas são de implantação fácil e barata, com anos muito regulares e sem grandes problemas de doenças.

— Pode-se dizer que o vinho tem melhorado de qualidade, mas continua a haver muito e mau. Cada vez há mais vinho uniformizado, que compete com outros produtos mundiais, que são mais baratos de produzir. A África do Sul, o Chile, a Argentina, por exemplo, têm mais facilidade de produzir mais barato que a Europa. Portugal hoje tem possivelmente mais vinhos melhores do que há 20 anos, com melhor apresentação das garrafas, dos rótulos, mas o mercado se abriu para o mundo e aumentamos a produção centenas de vezes mais. Chegar à China e querer competir ali não tem nada a ver com termos saído de Portugal e vender vinho apenas no Brasil. A luta hoje para vender é mundial; tinha-se que melhorar muito mais.

No Brasil, a disputa pelo mercado com os vinhos argentinos e chilenos é difícil?

— Creio que o vinho alentejano compete mais com o vinho argentino do que com o chileno, porque se parecem mais no estilo. O vinho argentino é mais barato de produzir que o português e, pela proximidade geográfica, chega de caminhão ao Brasil, não tendo as taxas aduaneiras como as que temos. Mas há no Brasil importadoras especializadas em vinho português que têm trabalhado muito bem. Sobretudo, temos aquela imagem de vinho da Europa, de Portugal, de que o brasileiro gosta.

Algumas adegas

Relaciono a seguir algumas das muitas adegas particulares e algumas adegas cooperativas que podem ser visitadas ao longo do caminho, pois é sempre interessante ver como são processados os vinhos que depois serão bebidos com prazer. Nessas adegas, compram-se os vinhos da sua produção, sendo que nas cooperativas as uvas costumam vir das pequenas vinhas de seus associados. Quase todas recomendam que as visitas sejam agendadas com antecedência, seja diretamente ou através da Rota dos Vinhos do Alentejo (ver capítulo *Dicas e informações*), para que se possa programar o atendimento, assim como eventuais provas de vinho.

Arraiolos

Herdade dos Coelheiros

Monte dos Coelheiros
Igrejinha — Arraiolos
Tel: 266 470 000
Fax: 266 470 008
e-mail: info@herdadecoelheiros.pt
www.herdadecoelheiros.pt
Horário de visita: 9h às 13h — 14h às 17h

Desta adega sai o famoso *Tapada de Coelheiros* (Garrafeira, tinto e branco), além dos tintos *Vinha da Tapada, Branca d'Almeida e Roda de Coelhos,* e o branco *Chardonnay,* todos premiadíssimos.

Esta é uma propriedade agrícola de cerca de 800ha, 38 dos quais plantados com vinhas de uvas *trincadeira, aragonês, cabernet sauvignon* e *chardonnay.* Oitenta hectares são plantados com nogueiras e 560ha são couto de caça de cervos, gamos, veados e javalis. Oferece hospedagem em 10 quartos de seu monte, uma agradável casa bordejada de buganvílias e imensas talhas de barro coroadas com gerânios. Quando o tempo está bom, os hóspedes podem andar de canoa na barragem com 7ha de superfície e comer no alpendre que dá para a piscina e para um de seus inúmeros vinhedos. Além da atividade agrícola (produzem cortiça, nozes e azeite para consumo da casa), promovem cursos e provas de vinho, num ambiente relaxado e acolhedor.

Monte do Pintor

Igrejinha — Arraiolos
Tel: 266 477 203
Fax: 266 477 405
e-mail: info@montedopintor.com
www.montedopintor.com
Horário de visita: 9h às 13h — 14 às 18h, de segunda a sexta

Que linda é a vista que se tem desta adega, no alto do monte, olhando para suas encostas plantadas de vinhas, com a planície verde em frente. São 12ha de vinhas próprias de castas tradicionais alentejanas, predominando a *trincadeira* e a *aragonês.* São famosos os seus tintos *Monte do Pintor Reserva,* seu vinho topo de linha, seguido do *Monte do Pintor*, de gama média, e do *Pequeno Pintor*, vinho de base. Da colheita de 2006, comercializada em 2009, saíram 3.400 garrafas de uma marca nova, o tinto *Escultor,* a ser lançado apenas nos anos em que as uvas sejam de excepcional qualidade. Recentemente, foram plantados mais 15ha de vinha nova, de onde sairá um vinho branco, de gama alta. Sua produção é de 70/80 mil garrafas por ano, sendo o Brasil o seu maior importador.

Borba

Adega Cooperativa de Borba

Rossio de Cima
Tel: 268 891 660
e-mail: geral@adegaborba.pt

www.adegaborba.pt
Horário de visita: 9h às 19h, de segunda a sábado. Fazer marcação prévia.

Primeiro exportador de vinhos alentejanos na União Europeia, é a mais antiga e a segunda maior adega cooperativa do Alentejo, com 2.200ha de vinha e cerca de 320 associados. Sua produção é vasta: entre os reservas, tem o tinto *Adega Coop. Borba,* produzido apenas nos anos em que as uvas selecionadas são excelentes, e o branco *Montes Claros;* entre os vinhos jovens, para serem consumidos entre 2 e 4 anos, produz o *Borba* (tinto e branco), o *Convento da Vila* (tinto e branco) e o *adegaborba.pt* (tinto e rosé). Para comemorar os seus 50 anos de existência, lançou em 2003 o tinto *Cinquentenário,* que pode esperar até 10 anos para ser consumido. São muito agradáveis os seus monocastas tintos *Alfrocheiro, Tinta Caiada* e *Alicante Bouschet*, assim como os bivarietais: *Aragonês & Touriga Nacional, Touriga Nacional & Syrah, Trincadeira & Alicante Bouschet* (tintos) e o *Antão Vaz & Arinto* (branco). Estas variedades são lançadas no mercado segundo a colheita de cada ano.

Estremoz

João Portugal Ramos

Monte da Caldeira
Estremoz
Tel: 268 339 910

Fax: 268 339 918
e-mail: jportugalramos@mail.telepac.pt
www.jportugalramos.com
Horário de visita: 9h30 às 12h — 14h30 às 18h, de segunda a sábado

Os vinhedos de João Portugal Ramos (ver capítulo *Falando com os entendidos*) são impressionantes, com suas fileiras perfeitas e bem cuidadas, todas as vinhas da mesma altura, parecendo aparadas a régua. Ao longo da entrada em Estremoz e subindo pela encosta do castelo, elas chegam a ser plantadas em cores alternadas, uma fileira de uva branca e outra de uva tinta, fazendo com que no outono se transformem em listras em tons de amarelo e vermelho. O sentido de ordenação também se vê na entrada da adega, com seus muros floridos, e continua durante toda a visita guiada a suas modernas instalações. São cerca de 300ha de vinha própria e de produtores locais, plantadas com as castas *aragonês, trincadeira, touriga nacional, castelão, tinta caiada, alicante bouschet* e ainda *cabernet sauvignon, syrah, petit verdot* e *merlot*, embora em menores quantidades.

Os carros-chefe de sua produção são os tintos *Marquês de Borba Reserva*, que sai apenas em anos excepcionais, o *Quinta da Viçosa* e o *Vila Santa.* Produz ainda os tintos e brancos *Loios* e *Marquês de Borba*, e os monocastas *Antão Vaz* (branco), *Aragonês, Syrah, Tinta Caiada* e *Trincadeira* (tintos). Todos exportados para o Brasil. A adega organiza provas de vinhos, com aperitivos, e almoços para um mínimo de 10 pessoas.

Quinta do Mouro

Estremoz
Tel: 268 334 097
Horário de visita: a combinar

Miguel Louro (ver capítulo *Falando com os Entendidos*), o dono desta adega pequena e funcional, produz apenas vinhos tintos, mas que tintos! O seu *Quinta do Mouro* é reconhecido como de qualidade superior, e mesmo as suas segundas marcas, o *Casa dos Zagalos* e o *Vinha do Mouro,* também são excelentes, todos cotados pelo guru dos vinhos, Robert Parker, como excepcionais ou acima da média. Dessa adega exemplar saem vinhos elegantíssimos. Sua área de vinhedo são 22 ha, parte ao lado da casa, parte na entrada de Estremoz. Seu filho Luís produz o *Alento*, outro bom vinho, com a vantagem de ter bom preço, podendo também ser adquirido na Quinta do Mouro ou na Adega Monte Branco, através do telefone 919 187 905.

Julio Bastos — Dona Maria Vinhos

Quinta Dona Maria
Estremoz
Tels: 268 339 150 e 268 337 320
Fax: 268 337 321
e-mail: donamaria@donamaria.pt
www.donamaria.pt
Horário de visita: 9h às 12h30 — 13h30 às 17h30. Marcar com antecedência.

Dona Maria é o novo vinho produzido por Julio Bastos (ver capítulo *Falando com os entendidos*), o antigo dono da adega Quinta do Carmo, de onde saíram alguns dos melhores vinhos alentejanos da década de 1980. Apesar de vender a marca para os Rotschild, ficou com a casa em estilo barroco da Quinta do Carmo, mandada construir em meados do século XVIII pelo rei D. João V como presente para uma sua amante, de nome Dona Maria. Vale a visita também pela beleza de sua arquitetura e seus jardins. A Quinta foi comprada pela família de Julio Bastos há mais de um século, e em sua adega faz-se vinho há mais de 150 anos. Depois da venda de sua participação na sociedade com os franceses, Julio Bastos iniciou em 2001 um novo projeto, modernizando e ampliando a antiga adega da Quinta, mas mantendo os famosos lagares em mármore onde se continua a fazer a vinificação de grande parte dos vinhos usando a tradicional pisa da uva. Adquiriu uma propriedade onde plantou novas vinhas e comprou também uma vinha com mais de 40 anos. Em 2003, fez a primeira vindima dessa nova etapa, cujo carro-chefe é o tinto Dona Maria Reserva. Seus outros vinhos são o *Dona Maria* (tinto, branco e rosé), o *Dona Maria Amantis* (tinto e branco) e o tinto *Julio B. Bastos (alicante bouschet)*.

Segundo o entendidíssimo produtor de vinhos Miguel Louro (ver o capítulo *Falando com os entendidos*), "seu vinho é hoje novamente o *top*".

Adega da Cartuxa

Fundação Eugênio de Almeida
Estrada da Igrejinha
Tel: 266 748 380
Fax: 266 705 149
e-mail: dir.com@fea-evora.com.pt
www.cartuxa.pt
Horário de visita: a consultar.

Uma das mais conhecidas adegas do Alentejo, tem tintos e brancos memoráveis e premiados, entre eles o *Pêra-Manca* — que é engarrafado apenas em anos de grande qualidade; o *Cartuxa* e o *Foral de Évora*. Produz ainda o *EA* branco, rosé e tinto, vinhos jovens para serem consumidos de imediato. Em breve lançará um espumante. Esta adega está instalada em dois prédios. Um, do século XVII, perto do Convento da Cartuxa, onde fazem estágio, em enormes barricas de carvalho de 3 e de 5 mil litros, os tintos *Pêra-Manca* e *Cartuxa*. Lá, os visitantes podem comprar e fazer provas de vinhos, além de ver uma projeção com a atividade da nova adega, em outro prédio no caminho para Reguengos de Monsaraz, rodeado de 312ha de vinha, onde fazem estágio os seus demais vinhos e é vinificada toda a sua produção, uma média de 3 milhões de garrafas/ano.

A Fundação Eugênio de Almeida tem também 215ha de olival e produz os azeites *Cartuxa, Azeite dos Álamos, São Bruno* e *EA,* este exclusivo para o Brasil.

Portalegre

Monte da Penha

Francisco B. Fino — Sociedade Agrícola
Tel: 245 208 342
Fax: 245 202 820
e-mail: comercial@montedapenha.com
www.montedapenha.com
Horário de visita: 9h às 13h — 14h às 18h, de segunda a sexta. Pede-se marcação prévia para as provas de vinho.

Nas encostas da serra de São Mamede, o Monte da Penha é uma propriedade de 139ha, com uma bela casa do século XVIII e 22ha totalmente dedicados à vinha, com uma boa exposição solar e solos graníticos com componentes de argila e calcário. Vinte hectares estão plantados com uvas tintas das castas *aragonês, trincadeira, alicante bouschet e touriga nacional*; e 2ha com uvas brancas das castas *fernão pires, arinto, roupeiro* e *trincadeira das pratas.* Os enólogos Francisco Fino e Nuno Franco são os responsáveis pela produção do *Monte da Penha Fino Reserva Tinto*, o *Monte da Penha Reserva* (Tinto e Branco) e o *Montefino Reserva Tinto.*

Seu topo de linha é o *Monte da Penha Gerações Reserva Tinto 2004*, produzido apenas em anos excepcionais e escolhido como um dos 50 melhores vinhos de Portugal pelo crítico inglês Charles Metcalfe, autor do livro *The Wine And Food Lover's Guide to Portugal.* As provas do vinho são acompanhadas de queijinhos típicos do Alentejo, um charme só.

Tapada do Chaves

Frangoneiro

Tel: 245 201 973
Fax: 245 202 425
e-mail: geral@tapadadochaves.com
www.tapadadochaves.com
Horário de visita: 9h às 12h30 — 14h às 18h, de segunda a sexta. Para as visitas à adega, não há necessidade de marcação prévia. Se quiser fazer prova de vinhos, agendar com antecedência.

Em 1965, em sua primeira apresentação ao público, o tinto *Tapada do Chaves* foi distribuído aos restaurantes, e seu sucesso foi imediato. Com sua entrada no mercado, foi dos primeiros vinhos do Alentejo a ficar famoso. A família Fino, então a proprietária da adega, com capacidade para 300 mil litros de vinho, acabou não recusando a oferta de compra feita pelas Caves da Murganheira, que a adquiriu em 1998.

O *Tapada do Chaves Praemiu* e o *Reserva VV* são feitos com uvas de vinhas velhas com mais de 80 anos de idade, que dão poucos frutos, mas com mais concentração de açúcar e de sabor. Há ainda o *Tapada do Chaves Reserva* e o branco. Sua segunda marca é o vinho *Almojanda*, um vinho jovem. Produz também um espumante *brut*.

Redondo

Adega Cooperativa de Redondo

Estrada de Évora
Tel: 266 989 100
www.acr.com.pt

Fundada em 1956 por 14 viticultores da região, tem hoje cerca de 300 associados e 3.000ha de vinhas. Seu líder de mercado é o *Porta da Ravessa* (tinto, branco e rosé), muito difundido no Brasil. Produz ainda os vinhos *Real Lavrador* (tinto e branco), *Anta da Serra* (tinto, branco e rosé) e *Terra d'Ossa* (tinto e branco). Com a marca *AcR*, produz os tintos *Reserva* e *Garrafeira,* além de um licoroso e um espumante *brut.* Entre seus mono e bivarietais, os tintos *Aragonês Cabernet Sauvignon, Trincadeira Merlot, Touriga Nacional, Syrah,* e o branco *Chardonnay.*

Roquevale

Monte Branco
Estrada da Serra d'Ossa
Tel: 266 989 290
Fax: 266 989 291
e-mail: geral@roquevale.pt
www.roquevale.pt
Horário de visita: 8h às 12h30 — 13h30 às 17h, de segunda a sexta, mas esse horário pode ser flexível, dependendo da disponibilidade, inclusive nos fins de semana. Marcar antes de ir.

São 185ha de vinhas, distribuídas em duas propriedades no sopé da Serra d'Ossa. Comercializa por ano — em Portugal e no exterior, inclusive o Brasil — cerca de 2,5 milhões de garrafas de vinhos brancos e tintos, entre eles o *Roquevale, Redondo, Terras de Xisto, Alecrim e Tinto da Talha.* Tem condições de vinificar 2 milhões de quilos de uva por ano e de engarrafar 6 mil garrafas por hora.

Reguengos de Monsaraz

Carmim — Adega Cooperativa de Reguengos de Monsaraz

Estrada de Monsaraz
Tel: 266 508 200
www.carmim.online.pt
Horário de visita: agendar de preferência com uma semana de antecedência.

É a maior adega cooperativa do país, com uma produção média anual de mais de 16 milhões de litros de vinho e capacidade de engarrafamento de 15 mil garrafas/hora. Fundada em 1971 por iniciativa de 60 agricultores, tem hoje mais de mil associados e 3.700ha de vinhas. Seu carro-chefe é o tinto *Garrafeira de Sócios,* que pode esperar entre 4 e 6 anos para ser consumido, assim como os seus monocastas: *Aragonez, Tinta Caiada* e *Trincadeira.* Os demais tintos — *Bom Juiz, Reguengos Reserva* e *Monsaraz Museu Aberto* — esperam até 3 a 4 anos; *Reguengos DOC Tinto* pode repousar até 3 anos;

Monsaraz Tinto espera 1 ano. O *Cabernet Sauvignon, Vinho Novo Tinto Terras d'el Rei* e *Olaria* devem ser consumidos num curto espaço de tempo. Entre os brancos, o *Regia Colheita* espera até 2 anos; o *Monsaraz*, 1 ano; os demais — *Vinho Novo Branco, Reguengos DOC Branco* e *Real Grei* — devem ser consumidos logo, assim como o *Terras d'el Rei*, que também vem em rosé. Na linha *Terras d'el Rei*, a Carmim ainda produz uma aguardente e azeites virgem, extravirgem e extravirgem DOP.

Organiza visitas guiadas à adega e às caves, com provas de vinho num moinho recuperado de 1834, acompanhando-as com petiscos da região.

Herdade do Esporão

Tel: 266 509 280
Fax: 266 519 753
e-mail: enotur@esporao.com
www.esporao.com
Horário de visita: diariamente, das 11h às 18h

A 3km de Reguengos de Monsaraz, com 1.850ha de superfície, uma represa ocupando uma área de 130ha e 450ha plantados com vinhas, esta herdade tem mais de 7 séculos de história, sendo os seus limites os mesmos desde 1267. Dentro da propriedade, há três monumentos do século XVI: a Torre, que virou o logotipo do grupo; o Arco e a Ermida de N. S. dos Remédios, com afrescos recentemente restaurados. A visita compreende as salas de vinificação, adega, restaurante (ver os capítulos *Onde comer* e *Falando com os entendidos*), bar, loja e área de recepção. Promovem cursos de vinhos. As instalações da adega são impressionantes, com uma grande cave subterrânea e tetos em abóbada, para estágio dos vinhos em barricas de carvalho. Exporta regularmente para o Brasil, o seu segundo mercado de exportação, depois dos Estados Unidos. De sua adega saem o *Esporão Reserva,* o *Esporão Private Selection,* o *Monte Velho,* o *Alandra* e o *Vinha da Defesa* (todos tintos ou brancos, sendo que este último também rosado). E ainda os monocastas tintos *Trincadeira, Aragonês, Touriga Nacional, Syrah, Alicante Bouschet, Quatro Castas* e o branco *Verdelho,* além de um espumante *brut*, um vinho licoroso e um *late harvest.* De seu moderno lagar, sai o azeite extravirgem *Herdade do Esporão.*

Sousel

Herdade do Mouchão
Casa Branca — Sousel
Tel: 268 539 228
e-mail: mouchao@mouchaowine.pt
www.mouchaowine.pt
Horário de visita: das 8h às 12h — das 13h às 17h. Visita e provas de vinho devem ser marcadas com antecedência.

Desde 1901 seus tintos são produzidos utilizando-se processos artesanais, em que as uvas são pisadas nos lagares, passando depois por antigas prensas manuais de madeira. Ficam armazenados por um ano em imensos tonéis de carvalho, mogno ou castanho — com 30 a 40 anos de idade e capacidade para 5 mil litros cada —, e tomam depois destinos diferentes. O *Tonel ¾*, seu tinto topo de linha, fica mais três anos em grandes barricas antigas de maçaranduba brasileira e outros dois em estágio nas garrafas. O tinto *Mouchão* fica um ano em barricas novas de carvalho francês, é engarrafado e espera outro ano antes de entrar no mercado. O *D. Rafael* (tinto e branco) é seu vinho mais comercial: o tinto fica bem menos tempo em estágio, tanto nas barricas de carvalho como nas garrafas; no branco, as uvas passam por prensa pneumática, fermenta em cubas de inox e logo depois de engarrafado é comercializado. Sua casta predominante é a *alicante bouschet*, presente em mais de 95% do *Tonel ¾*, 80% no *Mouchão* e entre 40% e 50% no *D. Rafael* tinto. Suas demais castas são *trincadeira*, *aragonês* e *castelão* para os tintos, e *antão vaz*, *fernão pires* e *arinto* para o branco. Dos 40% de sua produção que é exportada, o Brasil é seu maior cliente.

6

Sugestões de pouso e passadio

Neste capítulo, relaciono algumas opções entre o que conheço e recomendo. Uma relação mais completa poderá ser encontrada nos muitos guias existentes, com os quais não pretendo concorrer. Minha intenção aqui é justamente facilitar as muitas escolhas, oferecendo minha visão pessoal.

Onde ficar

Pousadas de Portugal

Tel: 218 442 001 (Central de Reservas)
www.pousadas.pt
www.designhotels.com

A magnífica rede das Pousadas de Portugal é referência obrigatória para quem quer atravessar e conhecer o país de norte a sul. São hotéis instalados quase sempre em construções históricas, estão sempre situados nos melhores endereços, as acomodações são confortáveis e elegantes, seus corretos restaurantes se especializam em comidas e vinhos regionais. Uma escolha sempre acertada.

As primeiras pousadas surgiram em 1940 e tinham como propósito alojar e alimentar os visitantes segundo as tradições de cada região de Portugal. Ficaram conhecidas como pousadas regionais. Depois, passou-se a restaurar castelos, conventos e mosteiros, que foram incorporados à rede e transformados nas chamadas pousadas históricas. Há ainda as pousadas de *design*, assim denominadas pelas interferências arrojadas na arquitetura dos antigos edifícios.

Além de oferecer facilidades para o aluguel de carros, as pousadas também organizam atividades como caça, pesca, golfe, passeios a pé, a cavalo, de trem, bicicleta, balão, ultraleve e até espetáculos de falcoaria. Não esquecendo das festas locais e das romarias.

Há vários programas especiais, como as Pousadas do Mês, que dão desconto de 50% a partir de duas noites consecutivas em regime de meia pensão; a promoção Idade de Ouro, que dá descontos especiais para hóspedes acima de 60 anos; o programa 3 por 2, que permite dormir três noites consecutivas e pagar por apenas duas. Há ainda o Passaporte Pousadas, que também possibilita bons descontos; e os Vouchers de Oferta. Confira.

No roteiro alentejano que sugerimos, há oito pousadas pelo caminho. Algumas são regionais, como as de Elvas (Pousada de Santa Luzia) e de Marvão (Pousada de Santa Maria), esta última ideal para os amantes do golfe; outras são chamadas de históricas, como as de Estremoz (Pousada da Rainha Santa Isabel), Vila Viçosa (Pousada de D. João

IV) e Évora (Pousada dos Lóios); outras, históricas com *design*, como a de Crato (Pousada Flor da Rosa) e a de Arraiolos (Pousada N. S. da Assunção), que chegou a sair na revista *Vogue* inglesa, recomendada como destino chique; a de Sousel (Pousada de São Miguel), situada em zona de caça e pertinho de Estremoz, é referida como de natureza, pela extensa vista sobre a planície alentejana com seus olivais. Em Sousel, aliás, fica a praça de touros mais antiga de Portugal.

Outras Opções de Hospedagem

Além dos hotéis de praxe, uma agradável opção de charme para quem quer entrar a fundo na alma alentejana é o turismo rural, também chamado de agroturismo. São casas dentro de uma quinta, onde se podem reservar quartos ou a casa inteira. São equivalentes às pousadas no Brasil, ou ao *bed & breakfast*, pois em geral servem apenas o café da manhã. Há também as casas dentro de uma vila ou aldeia, aqui conhecidas como turismo de habitação. A maior parte dessas opções de hospedagem tem o seu próprio *site*, mas há vários outros *sites* onde podem ser encontradas. A vantagem desses *sites* é que dão uma visão muito completa das casas e falam por si mesmos.

www.turihab.com
www.johansens.com
www.atmospherehotels.com

www.secretplaces.com
www.manorhouses.com
www.maisturismo.pt
www.guidesdecharme.com
www.wonderfulland.com.

Borba

Casa do Terreiro do Poço

Largo dos Combatentes da Grande Guerra, 12
Tel: 268 808 039
Cel: 917 256 077
e-mail:geral@casadoterreirodopoco.com
www.casadoterreirodopoco.com
www.wonderfulland.com
www.turihab.com
www.johansens.com

Esta casa do século XVIII, catalogada no Inventário Artístico de Portugal por seus belos afrescos e pinturas murais, foi restaurada, ampliada e transformada num turismo de habitação charmosíssimo. Fica no centro histórico de Borba, na rua dos antiquários, e oferece oito aposentos com camas duplas e mais um com duas camas. Cada um deles é completamente diferente dos demais: alguns têm terraço, outros têm sala, alguns são de dois andares, outros têm quitinete, alguns têm afrescos, outros têm abóbadas, e outros ainda podem ser transformados em apartamentos para uma família com filhos. Todos têm acesso independente. As salas de estar e do café da manhã, seja a de verão como a de inverno, têm ambiente acolhedor. Até os banheiros são especiais, muitos deles recobertos com um *patchwork* de azulejos antigos. O ponto em comum entre todos os aposentos é o bom gosto, o inesperado, o aconchego de uma casa onde se quer ficar. Fora, um agradável pátio com árvores frutíferas, uma horta dentro de um minilabirinto, piscina, paredes recobertas de vinhas e uma profusão de gerânios.

Estremoz

Albergaria Monte da Rosada

Largo da Rosada, 36
Arcos
Tel: 268 891 770
Fax: 268 891 771
e-mail: info@monte-rosada.pt
www.monte-rosada.pt

Agradável surpresa em Arcos, entre Estremoz e Borba: uma casa confortável com 11 quartos, piscina, adega e até uma capela. Sem falar no pé de glicínia na entrada a dar as boas-vindas.

Estalagem Páteo dos Solares

Rua Brito Capelo
Tel: 268 338 400
Fax: 268 338 419
e-mail: reservas@pateosolares.com
www.pateosolares.com

Construído sobre parte das muralhas de Estremoz, é um confortável e elegante hotel com 41 quartos, que admite animais. Restaurante de cozinha regional, bar, piscina, sala de reuniões, estacionamento privado, serviço de *baby-sitter*. O *buffet* do café da manhã é uma festa.

Monte da Fornalha

Tel/fax: 268 840 314
e-mail: monte.da.fornalha@oninet.pt
www.secretplaces.com
www.wonderfulland.com

Chega-se a este turismo rural através de um caminho contornado de vinhedos e um parque de sobreiros. A casa pertenceu a um ferreiro local — daí o nome de Fornalha — e foi restaurada a partir de uma ruína. Os quartos são uma adaptação das antigas casas dos trabalhadores e têm entrada independente pelo jardim. Pode-se alugar a casa toda, pelo mínimo de uma semana, acomodando um total de 10 pessoas. Há ainda um pequeno apartamento com sala, quitinete e varanda. No salão, uma grande lareira e a mesa comprida onde se serve o café da manhã, com o famoso pão alentejano e geleias caseiras. Está a 175km de Lisboa e 40km da Espanha, entre as cidades de

Estremoz e Borba. Uma encantadora surpresa, cheia de charme, ambiente chique e campestre, com jardim de cheiros e cores, piscina com água de fonte, figueiras gigantescas.

Évora

Albergaria Solar de Monfalim

Largo da Misericórdia, 1
Tel: 266 750 000
Fax: 266 742 367
skype: monfalim
e-mail: reservas@monfalimtur.pt
www.monfalimtur.pt
www.guidesdecharme.com

Antiga residência de um fidalgo da Casa Real no século XVI, esta casa renascentista que fica no centro histórico da cidade recebeu seu primeiro hóspede em 1892. Instalações corretas e localização muito conveniente.

Convento do Espinheiro — Heritage Hotel & SPA

A entrada fica na estrada N18, que liga Évora a Estremoz
Tel: 266 788 200
Fax: 266 788 299
www.luxurycollection/evora
www.johansens.com

O antigo Convento do Espinheiro, construído no século XV durante o reinado de D. Afonso V e frequentado pela corte portuguesa, foi transformado num luxuoso hotel de 59 quartos, todos com TV de plasma e conexão com a internet. Tem *spa*, piscina aquecida, *jacuzzi*, sauna e banho turco. Nos jardins, há piscina e quadras de tênis e *paddle*. O restaurante Divinus, o Pulpitus Bar, o Wine Bar Cisterna, assim como parte dos quartos, estão no antigo convento, que tem belos tetos, lindos pátios e uma impressionante capela. O hotel conta ainda com um Business Center e salas de reunião.

Hotel Rural Monte da Figueira

Amieira — Peral
Tel: 266 612 120
Fax: 255 612 222
e-mail: mf@montedafigueira.pt
www.montedafigueira.pt
www.charmconfort.com
www.lifecooler.com

A 35km ao sul de Évora, este hotel rural é um luxo só. Fica dentro do Monte do Peral, uma propriedade de caça com 5.500ha, *habitat* natural de veados, javalis, gamos, lebres, perdizes e patos. É um deleite poder desfrutar das lindas vistas, da paisagem sem fim, coalhada de sobreiros, oliveiras, azinheiras, e muitos lagos, represas e albufeiras com água que vem da represa do Alqueva, a poucos quilômetros dali. As 12 suítes são amplas e cheias de charme. Os salões comuns são ideais para se passarem horas de lazer ao lado das lareiras ou em torno da grande mesa de jantar. Faz o gênero campo-chique. Da piscina, tem-se uma vista extraordinária. O hotel tem uma pequena ermida com afrescos do século XIX. Para quem gosta de caçar, e mesmo para quem não caça, não há nada melhor.

M'Ar de Ar Aqueduto Historic Design Hotel & Spa

Rua Cândido Reis 72
Tel: 266 740 700
Fax: 266 739 305
e-mail: geral@mardearhotels.com
www.mardearhotels.com

Um antigo palácio restaurado e transformado num hotel 5 estrelas, despojado e de superluxo. A vista sobre o aqueduto iluminado é um show à parte. São 64 quartos, 2 bares, o restaurante Degustar, sala de leitura, piscina, jardins, spa, 3 salas de trabalho para empresas, capela transformada em sala de reuniões e de banquetes, tudo com decoração ultramoderna convivendo com antigos arcos, abóbadas, escadas de pedra, muito branco, cores arrojadas.

M'Ar de Ar Muralhas Timeless Charm Hotel

Travessa da Palmeira 4/6
Tel: 266 739 300
Fax: 266 739 305
e-mail: geral@mardearhotels.com
www.mardearhotels.com

No centro histórico e grudado na espetacular muralha de Évora, a piscina e o jardim deste agradável hotel de charme com 4 estrelas oferecem à noite a vista privilegiada da muralha iluminada. Era o antigo e tradicional Hotel da Cartuxa, que foi remodelado e modernizado. Tem quartos para clientes com deficiência motora.

Monte do Serrado de Baixo

Tel: 266 743 134
www.secretplaces.com
www.wonderfulland.com
www.turaventur.com

A 8km de Évora, no caminho para Estremoz, esta casa rural com 4 quartos, charmosa e centenária, é ideal para quem quer sentir o Alentejo profundo. Vasos enormes transbordando de hortênsias cor-de-rosa dão as boas-vindas. Quando o tempo permite, o café da manhã é servido fora, com vista para o pomar de laranjeiras e uma área sombreada por uma imensa azinheira. A casa também pode ser alugada por inteiro, com direito ao uso da cozinha. Tem horta biológica, piscina rodeada de alecrim, um olival, sobreiros e azinheiras. Como os proprietários são donos da empresa TurAventur, de atividades *outdoor* (ver o capítulo *Dicas e informações*), organizam passeios a pé, de bicicleta, jipe e canoa, visitas às adegas e provas de vinhos.

Evoramonte

Quinta do Serafim

Tel: 268 959 360 e 966 226 321
www.secretplaces.com
www.guidesdecharme.com

Na encosta do morro encabeçado pelo castelo de Evoramonte e logo abaixo de sua muralha, a Quinta do Serafim tem uma extraordinária vista sobre a planície alentejana que se estende a seus pés. Com oliveiras antiquíssimas, há 40 anos ali ainda funcionava o mais antigo lagar de azeite da região. Hoje restaurada ao seu estilo rústico original, a Quinta é composta de 3 pequenas casas com varanda e 1, 2 e 3 quartos respectivamente. Nas áreas comuns aos hóspedes, a Sala do Forno tem um forno de pão do século XVI, e a Sala do Lagar é onde se serve o café da manhã com produtos da região e geleias caseiras. A piscina, situada num ponto estratégico, dá a sensação de se projetar no espaço a perder de vista.

Marvão

Albergaria El Rei Dom Manuel

Largo de Olivença
Tel: 245 909 150
Fax: 245 909 159
e-mail: alberg.d.manuel@mail.telepac.pt
www.turismarvao.pt

Num edifício reconstruído dentro da vila de Marvão, há quartos com grandes vistas. Seu restaurante está aberto a qualquer visitante da cidade.

Portalegre

Convento da Provença

Monte Paleiros — Ribeira de Nisa
Tel: 245 337 104 e 913 219 100
e-mail: convento@provenca.pt
www.provenca.pt

No caminho para Marvão, este convento do século XVII foi transformado num turismo rural elegante e sóbrio, com 7 quartos e 2 suítes. Uma varanda despojada dá para as ruínas de um convento medieval e para a Serra de São Mamede, onde à noite passeiam raposas e javalis.

Quinta da Dourada

Tel: 937 218 654
e-mail: quintadadourada@iol.pt
www.quintadadourada.com
www.wonderfulland.com

No Parque Natural da Serra de São Mamede, a 7km de Portalegre e 18km de Marvão, uma casa simpática com 2 quartos e 4 apartamentos para hóspedes. Aceita animais. Tem um minicampo de futebol, piscina, bicicletas para passeios na propriedade e percursos dentro do Parque Natural. Fica perto da barragem da Apartadura, onde se podem praticar esportes náuticos.

Quinta do Barrieiro

Tel: 964 054 935
e-mail: info@quintadobarrieiro.com
www.quintadobarrieiro.com
www.wonderfulland.com

Esta é uma casa de artista, cujas paredes exteriores supercoloridas chamam a atenção num Alentejo quase sempre branco. São 4 quartos, 2 suítes e 1 apartamento em casas de tamanhos variados, onde o pão alentejano para o café da manhã chega numa sacola depositada diariamente à porta — um charme especial entre os muitos deste turismo rural, em que se depara com esculturas no exterior e pode-se desfrutar do ateliê de arte da proprietária. Numa estrada encantadora, fica a 10km de Portalegre e 14km de Marvão e seu campo de golfe.

Redondo / Serra d'Ossa

Herdade de Água d'Alte

Aldeia da Serra, 14
Tel: 266 989 170
Fax: 266 989 179

e-mail: herdade@aguadalte.com
www.aguadalte.com
www.wonderfulland.com
www.secretplaces.com

Uma grande casa alentejana construída ao redor de um pátio quadrado, com uma agradável piscina, 10 quartos com saleta, e duas casas com 1 e 2 quartos, saleta e quitinete, que podem ser alugadas: a Casa das Malhadas é um charme, com seu terraço coberto de glicínias. Na sala para os hóspedes — referida como a "sala dos vícios", onde se come, bebe e fuma —, há aulas de culinária, a pedido. A 6km de Redondo, pertinho da Serra d'Ossa, este agroturismo tem cavalos pastando no campo em 87ha de tranquilidade e belas vistas. A ideia por trás deste projeto é ser um local para descanso e atividades calmas onde a regra é: o silêncio é de ouro.

Reguengos de Monsaraz

Casa de Saramago

Telheiro — Monsaraz
Tel/fax: 266 557 494
www.casasaramago-monsaraz.com.pt

Turismo rural rústico no sopé da encosta de Monsaraz e ao lado do Lago do Alqueva. Tem um picadeiro de cavalos e 10 quartos, sendo 2 deles com um mezanino com camas extras.

Horta da Moura

Monsaraz
Tel: 266 550 100
Fax: 266 550 108
e-mail: reservas@hortadamoura.pt
www.hortadamoura.pt
www.guidesdecharme.com

Bem no sopé do castelo de Monsaraz, é um simpático hotel rural. Aceita animais, organiza passeios em seus cavalos e em moto, tem charrete, piscina e quadra de tênis. Está a menos de 1km da barragem do Alqueva, que vem a ser o maior lago artificial da Europa.

Hotel Província

Tel: 266 508 070
e-mail: geral@hotel-provincia.com
www.hotel-provincia.com

Na beira da estrada que leva de Évora a Reguengos, hotel confortável com piscina e 23 quartos duplos, sendo 2 adaptados para descapacitados.

Monte Saraz

Monsaraz
Tel: 266 557 385
Fax: 266 557 485
e-mail: infor@montesaraz.com

www.montesaraz.com
www.secretplaces.com

Um agrupamento de pequenas casas independentes, equipadas com fogão e geladeira, rodeadas com jardim de flores, hortas e pomares, um tanque com os nenúfares de Monet, piscina emoldurada pelos arcos do antigo lagar de azeite e a vista ao longe da vila de Monsaraz. A casa principal tem 3 quartos com suítes, e uma sala com lareira onde se toma o café da manhã. Uma das casas pode abrigar 7 pessoas.

Vimieiro

Residencial Antiga Moagem

Largo do Areal
Tel./fax: 266 467 153
e-mail: reservas@antigamoagem.com
www.antigamoagem.com

Este antigo moinho de trigo do século XIX foi transformado num hotelzinho despretensioso, aproveitando o charme das antigas instalações com suas máquinas de moagem. Vimieiro fica entre Arraiolos e Estremoz, à beira da estrada N4.

Onde comer

Os restaurantes das pousadas estão abertos diariamente, servindo comida regional adaptada ao paladar internacional. No Alentejo, além dos renomados restaurantes, costuma-se comer bem em locais despretensiosos e cheios de charme, como pequenas tascas e tabernas com suas toalhas de xadrez e seus pratos de barro. Sugiro que se fique atento às Mostras Gastronômicas apresentadas por alguns restaurantes, que acontecem anualmente. Os postos de turismo oferecem essas informações.

Relaciono em seguida alguns restaurantes que mais frequento e outros que também recomendo a qualquer visitante que queira provar os sabores locais. Muitos deles são instituições alentejanas, mas sugiro confirmar informações antes de se deslocar.

Alandroal

A Maria

Rua João de Deus, 12
Alandroal
Tel: 268 431 143
Fecha segunda-feira e de 16 a 31 de agosto

A quantidade de carros de Lisboa estacionados à porta mostra que este é um restaurante conhecido e admirado. D. Maria e seu marido recebem seus clientes à entrada e não descuidam da atenção e simpatia. A sala é decorada como uma praça alentejana, com fachadas de casas, gaiolas na parede e até roupas penduradas no varal. Na mesa, já à espera, apetitosos tira-gostos: salada de coelho desfiado ao vinagrete; cogumelos frescos salteados em azeite; queijinho de ovelha; pão alentejano; deliciosas azeitonas. O vinho sugerido é esplêndido, o tinto Tapada do Barão, do Monte dos Perdigões, vinho de autor que utiliza oito castas distintas de uva, uma agradável surpresa e ideal para acompanhar o que vem em seguida: a sopa de cação e o cozido de grão-de-bico com carne de porco preto e embutidos da casa. Outras opções possíveis seriam pezinhos de porco de coentrada, caldeirada de cabrito, borrego ensopado, bacalhau dourado e uma infindável lista de especialidades alentejanas. Como sobremesa, os famosos doces de ovos: encharcada, fidalgo, morgado, toicinho do céu.

Arraiolos

A Moagem

Rua da Fábrica, 2
266 499 646
Fecha para jantar domingo

Num ambiente totalmente despretensioso e da maior simpatia, o João serve uma saborosa comida caseira alentejana. Os doces de gemas são ótimos.

O Alpendre

Bairro Serpa Pinto 22
Tel: 266 419 024
Fecha segunda-feira

O destaque vai para os grelhados de porco e o borrego, acompanhados de migas de aspargos. As entradas, em especial os ovos mexidos com aspargos, e a doçaria conventual são outro ponto alto neste restaurante de comida regional, com bons vinhos a bom preço.

Castelo de Vide

D. Pedro V

Praça D. Pedro V, 10
Tel: 245 919 207
Fecha segunda-feira

Despretensioso restaurante e bar, serve pratos típicos da região, assim como várias sobremesas com castanha. Tem menu infantil. A açorda alentejana é bem saborosa.

Elvas

A Bolota Castanha

Quinta das Janelas Verdes
Terrugem — Elvas

Tel: 268 657 401
Fecha segunda-feira e domingo para jantar

Um dos bons endereços do Alentejo, com uma grande janela dando para um vale verdejante. Nas mesas de toalhas estampadas com as famosas bolotas — o fruto das azinheiras —, tudo é uma festa para os olhos e o paladar. Entre as sobremesas, a especialidade é a sericaia com as famosas ameixas d'Elvas.

Estremoz

A Cadeia Quinhentista

Rua Rainha Santa Isabel — Castelo
Tel: 268 323 400
Fax: 268 323 000
e-mail: cadeiaquinhentista@sapo.pt
www.acadeiaquinhenista.com
Abre todos os dias

A antiga cadeia do século XVI, um edifício em estilo manuelino, foi adaptada com bom gosto para restaurante e bar. Servem de caipirinhas a caipiroscas, vinhos nacionais, sanduíches com pão alentejano, pratos típicos da região.

Adega do Isaías

Rua do Almeida, 21
Tel: 268 322 318
Fecha domingo

Come-se dentro de uma antiga adega, decorada com imensas talhas de vinho com mais de 100 anos de idade. O vinho é de talha, claro, vindo de uma adega particular. Filas de dar voltas na porta, o ideal é marcar mesa com antecedência, se quiser comer nos horários de ponta. Servem almoço até as três e meia da tarde, e o jantar, das sete às onze da noite. A atmosfera é especial, começando pelo pendurador de casacos, uma placa de cortiça saída diretamente do tronco do sobreiro cujos ganchos são patinhas de cabrito empalhadas! A comida é de tasca, honesta, simples e saborosa.

Águias d'Ouro

Rossio do Marquês de Pombal, 27 — 1º
268 337 030
Aberto diariamente

Um dos mais antigos restaurantes do Alentejo, especializado em comidas regionais. Farta seleção de vinhos. De sobremesa, recomendo a sericaia com ameixas d'Elvas. A fachada do prédio é no estilo *art-nouveau*, bem interessante e pitoresca.

São Rosas

Largo D. Dinis, 11
Tel: 268 333 345

Fecha segunda-feira, na 2ª quinzena de janeiro e na 1ª de julho

Se há uma coisa muito especial neste reino de Deus, é o chamado porco preto. Alimentando-se somente do fruto da azinheira e vivendo a passear pelos campos, esse porco é um prato sublime. Aqui se come o melhor lombinho de porco preto da face da terra. Vem no ponto, perfeito, acompanhado de purê de maçã, batatinhas fritas à portuguesa, minicenouras, salada de tomate com orégano. Imperdível, assim como o bacalhau assado na brasa, uma posta gorda regada com azeite fervendo e rodelas de alho. Antes, ovos com túberas (uma espécie de trufa da região) ou aspargos bravos. E ainda tem o depois: pão-de-ló de Alfeizeirão, aquele que desaba no prato formando um mar de gemas açucaradas; pudim de água, que nada mais é que um delicadíssimo pudim de gemas, típico de Estremoz; encharcada; papos de anjo, e por aí vai. O vinho da casa, *Monte dos Cabaços*, é ótimo, das vinhas ali do lado, no Monte da Azinheira. Atendimento impecável. Decoração típica alentejana, come-se olhando as muralhas de Estremoz. Um luxo.

Évora

Botequim da Mouraria

Rua da Mouraria 16 A
Tel: 266 746 775
Fecha sábado para jantar, domingos e feriados

Chão de mármore, paredes de azulejos e 10 bancos em torno de um balcão. Tudo o que sai de sua minúscula cozinha é gostoso: ovos mexidos com aspargos bravos, sopa de beldroegas — que é uma verdura local servida num caldo onde se juntaram alho, queijo de cabra, ovos pochês e fatias de pão; lombinhos de porco preto com migas de aspargos; ensopado de lebre; perdiz estufada com couve lombarda; borrego assado ou ensopado, num infindável rol de delícias alentejanas.

Café Alentejo

Rua do Raimundo 5
Tel: 266 706 296
Fecha aos domingos e feriados

A especialidade da casa é o rabo de boi, mas são igualmente boas a sopa de peixe com hortelã da ribeira, as migas de aspargos com carne de porco frita no alguidar de barro e, de sobremesa, o torrão real de Évora, feito com amêndoas. Às quintas-feiras, noites de fado.

Fialho

Travessa dos Mascarenhas, 16
Tel: 266 703 079
Fecha segunda-feira, em setembro e fim do ano

Neste tradicional e afamado restaurante, os aperitivos alentejanos são um caso muito especial: queijinhos feitos com leite de ovelha ou de cabra, os embutidos, as empadas de galinha, os pimentões marinados no alho e azeite, os cogumelos assados, tudo o que se serve nesta casa é bom. Vamos preparando o estômago para os deleites que vêm em seguida: açorda com bacalhau, sopa de cação, arroz de pombo bravo, migas com carne de porco, sopa da panela de perdiz, amêijoas na cataplana, ensopado de borrego, numa infindável lista de quitutes regionais. Assim como as sobremesas: encharcadas, pão de rala, sericaia com ameixas, queijadas, e por aí vai... Vinhos regionais, serviço de primeira.

Luar de Janeiro

Travessa do Janeiro, 13
Tel: 266 749 114
Fecha quinta-feira

Quando se chega, os petiscos já nos esperam à mesa: são pezinhos de porco de coentrada, chouriços, cogumelos frescos em vinagrete, salada de polvo, melão superdoce com presunto, ovos mexidos com aspargos trigueiros, um sem-fim de delícias. O cabrito assado que se desmancha na boca e o arroz de hortelã que o acompanha são um dos pontos altos deste excelente restaurante. O arroz de lebre é outra especialidade imperdível. Tudo o que se come nesta casa é de se tirar o chapéu. Deixe espaço para as sobremesas: fidalgo, morgado, trouxas de ovos, queijadas. Atendimento impecável, vasta garrafeira, excelentes vinhos alentejanos. O que mais se pode querer?

Moinho do Cu Torto

Rua de Sto. André 2ᴬ
Bairro de N. S. do Carmo
Tel: 266 771 060
Fecha nos feriados

Restaurante com decoração rural muito charmosa, dentro de um moinho num antigo monte alentejano, na zona industrial de Évora. Comida caseira regional: bacalhau com grão-de-bico, porco com feijão-branco, tiras de pimentões assados, sopas preparadas em panelas de barro, dentro da lareira. Os embutidos são feitos na casa. Não é sempre que se pode comer num restaurante de nome tão original.

Restaurante Divinus

Hotel Convento do Espinheiro
Apartado, 594
7002-502 Évora
tel: 266 788 200
Aberto diariamente

Fora das muralhas de Évora, seu ambiente é teatral: dentro da antiga adega do convento, com abóbadas impressionantes e uma iluminação muito especial, serve comida mediterrânea, além de pratos da cozinha regional alentejana. A comida é feita diante dos clientes, numa espécie de alcova aberta situada entre as mesas. Uma sugestão: antes de ir comer, dê uma passada no Wine Bar, instalado dentro da antiga cisterna gótica, ou no Pulpitus Bar, a antiga cozinha dos monges do convento.

Taberna Típica 4ª feira

Rua do Inverno, 16-18
Tel: 266 707 530
Fecha aos domingos e alguns feriados

Escondido nas ruelas no centro histórico, sua especialidade é o porco preto com esparregado, uma espécie de purê de espinafres. Deliciosas são suas costeletas grelhadas, os rojões — que são torresmos — à alentejana, a carne de porco frita. Na época da caça, servem lebre e perdiz. Há 18 anos faz a delícia diária das 36 pessoas que cabem em suas mesas, por isso se recomenda reservar com antecedência.

Tasquinha d'Oliveira

Rua Cândido dos Reis, 45 A
Tel: 266 744 841
Fecha domingos e feriados

A ideia aqui é pedir petiscos alentejanos, cada um melhor que o outro. Divinas pataniscas de bacalhau, favas com chouriço, orelhas de porco, sapateira (crustáceo com vasta casca, dentro da qual se serve a sua carne, desfiada e temperada). Os melhores vinhos da região. Caso a panóplia de delícias que o esperam sobre a mesa não for suficiente como refeição, há um belo cardápio com pratos mais robustos.

Serviço excelente e atento. Uma minitasca, poucas mesas, sempre lotado. Convém reservar com antecedência.

Marvão

Na semana que antecede a Festa do Castanheiro, em novembro, os restaurantes locais servem castanha de todos os jeitos e maneiras: sopa de castanhas com creme de cebola; sopa de repolho com castanha; ensopado de borrego com castanha; pato estufado com cerveja e castanha; javali com creme de castanha; codornizes com cogumelos e castanhas; perdizes assadas com croquetes de castanha; pudim de castanha; musse de castanha; torta de castanha merengada; e mais, muito, muito mais.

D. Manuel

Albergaria El Rei Dom Manuel
Largo de Olivença
Tel: 245 909 150
Fax: 245 909 159
e-mail: alberg.d.manuel@mail.telepac.pt
www.turismarvao.pt
Aberto diariamente

Restaurante do hotel, serve comida típica alentejana e, claro, castanha até com bacalhau. Sala de jantar com vista panorâmica sobre todo o vale, serviço simpático.

O Sever

Estrada do Rio Sever
Portagem
Tel: 245 993 318
Abre todos os dias

Restaurante simpático e acolhedor, serve comida alentejana bem preparada, com ótimos vinhos da região. Uma bela vista, na base da serra onde fica o castelo de Marvão.

Portalegre

O Escondidinho

Travessa das Cruzes, 1-3
Tel: 245 202 728
Fecha aos domingos

Escondido numa ruela no centro da cidade, este restaurante popular serve comida regional em rações abundantes a preços convenientes.

Restaurante Tomba Lobos

Bairro Pedra Basta — lote 16- r/c
Reguengo
Tels: 245 331 214 e 965 416 630
e-mail: tombalobos@gmail.com
www.wonderfulland.com

A 5km de Portalegre na direção de Reguengo, este restaurante do jovem *chef* José Julio Vintém serve comida regional com toques inovadores, tem uma excelente garrafeira e umas especialidades especialíssimas: turnedô de rabo de boi; sopa de ovas de peixe do rio; veado ao alhinho; lombinhos, pá e costeletas de borrego; gamo no forno; lombo de javali; lebre com feijão-branco. De dar água na boca, ainda com a atração extra de se poder comer num belo terraço descoberto. Uma tentação.

Redondo

Enoteca

Rua do Castelo
Tel: 266 939 911
Aberto de terça a sexta-feira, das 17 às 22h. Nos fins de semana, a partir das 12h.

Com seus arcos e paredes de pedra recuperadas, o antigo Celeiro do Povo é um local agradável para passar bons momentos saboreando os vinhos do Alentejo enquanto se provam queijos e embutidos da região servidos com o delicioso pão alentejano.

O Barro

Rua D. Arnilda e Eliezer Kamenezky, 44
Tel: 266 909 899 / 917 239 899 / 933 239 898
Fecha segunda-feira e domingo para jantar.

Este é o restaurante onde comer em Redondo. Uma grande lareira, cozinha aberta, um segundo andar aconchegante. Serviço atento e simpático. São deliciosas as entradinhas enquanto se decide o que pedir: umas minissardinhas chamadas petingas, bem fritinhas; salada de bacalhau com grão-de-bico; pimentões vermelhos e verdes assados, com alho e muita pimenta. Os vinhos da Adega Cooperativa de Redondo ou da Adega Roquevale são ideais para acompanhar o lombo de porco preto com arroz de coentro ou a carne de porco à alentejana, esdrúxula e ideal combinação de carne de porco com amêijoas e coentros, o que pode parecer estranho, mas é uma delícia. Boa carta de vinhos.

Reguengos de Monsaraz

Galeria do Esporão

Herdade do Esporão
Tel: 266 509 280
e-mail: enotur@esporao.com
www.esporao.com
Abre diariamente para almoço; para jantar, apenas para grupos e com reserva antecipada.

Seu menu é de dar água na boca: ovos com farinheira (que é um embutido bem português); javali com purê de castanhas; lebre com feijão; bacalhau em lascas; migas com carne de porco, são algumas das sugestões. Depois de um bom almoço, a vontade é fazer a sesta nos sofás da recepção do Esporão, olhando para as belas vistas desta herdade.

Amieira Marina

Tel: 266 611 173 e 933 248 039
e-mail: restaurante@amieiramarina.com
www.amieiramarina.com
Abre diariamente para almoço. Jantar de sexta a domingo, feriado e véspera de feriado. Fecha terça-feira

Charmoso, com uma decoração arrojada, uma vista incrível sobre as águas do Alqueva e um cardápio organizado pela *chef* Julia Vinagre, que mistura a cozinha tradicional alentejana a pratos com um toque mais moderno, como o bacalhau com mil-folhas, por exemplo. De sobremesa, doces conventuais. Tem menu para crianças.

7

DICAS E INFORMAÇÕES

Gabinete de Apoio das Rotas dos Vinhos

Praça Joaquim Antonio de Aguiar, 20-21
Évora
Tel: 266 746 609 / 498
Fax: 266 746 602
e-mail:rota@vinhosdoalentejo.pt
www.vinhosdoalentejo.pt

Aberto de segunda a sexta das 9h às 12h30 e das 14h às 17h30
Organizam visitas às adegas e provas de vinho.

Saberes & Encantos

Tels: 962 501 387 e 967 451 762
e-mail: geral@sabereseencantos.org
www.sabereseencantos.org

Organizam passeios turísticos a cavalo, a pé e em barcos. Tem serviço de limusine, minibus para grupos, veículos todo-terreno, guias, intérpretes.

TurAventur

Tels: 266 758 642 e 966 758 940
e-mail: turaventur@turaventur.com
www.turaventur.com
www.wonderfulland.com

Organizam excursões individuais ou em grupos para famílias e empresas, passeios a pé, de bicicleta, de canoa, de jipe, provas gastronômicas e de vinhos, visitas a adegas.

Viagens de balão

Tels: 245 634 563 e 965 788 493
www.viajardebalao.com

Saindo de vários pontos do Alentejo — dependendo da direção do vento —, organizam voos de balão de ar quente durante todo o ano, desde que o tempo o permita. Data, local e hora exata da partida a combinar.

Viagens de barco

Amieira Marina
Portel
Tels: 266 611 173/4 e 934 299 470
Fax: 266 611 063
e-mail: geral@amieiramarina.com
www.amieiramarina.com

Operam com embarcações no Alqueva, o maior lago artificial da Europa, com 250km2 de área, 83km de comprimento e 1.160 km de perímetro. Organizam cruzeiros em barcos com capacidade de 25 a 120 passageiros. Alugam canoas, caiaques e também o que chamam de barcos-casa — para 2 a 8 pessoas, com quartos, banheiros, cozinha, áreas comuns e até churrasqueira. Estes barcos podem atracar nas áreas permitidas, e seus passageiros podem fazer passeios a pé ou de bicicleta pelas redondezas.

Postos de Turismo

Fornecem informações sobre alojamento, restaurantes, visitas guiadas, feiras, festas, romarias, touradas, passeios a pé, de bicicleta, a cavalo, de jipe e de balão, canoagem, caça, pesca e outras informações úteis.

Alandroal

Praça da República
Tel: 268 440 040
Aberto diariamente das 9h às 12h30 e das 14h às 17h30

Alter do Chão

Largo do Município
Tel: 245 610 000
Aberto diariamente das 10h às 17h

Arraiolos

Praça Lima Brito, 28
Tel: 266 490 240
Aberto diariamente das 9h às 17h e no verão até as 18h

Borba

Av. 25 de abril
Tel: 268 891 630
Aberto de segunda a sexta das 10h às 12h30 e das 14h às 17h30

Campo Maior

Praça da República
Tel: 268 689 413
Aberto de terça a sexta das 10h às 12h30 e das 14h às 15h30
No verão, fecha às 18h. Nos fins de semana e feriados, aberto das 10h às 12h e das 14h às 16h

Castelo de Vide

Praça D. Pedro V
Tel: 245 901 361
Aberto de segunda a sexta das 9h às 12h30 e das 14h às 17h30. Nos fins de semana e feriados, das 9h às 17h30. No verão, o horário muda: abre das 9h às 19h diariamente, sendo que nos fins de semana e feriados fecha para almoço entre as 12h30 e as 14h

Crato

Escola da Olaria
Rua D. Nuno Álvares Pereira, 58
Tel: 245 997 341
Aberto diariamente das 10h às 12h30 e das 2h às 17h30. Fecha nos feriados, salvo se caem no fim de semana

Elvas

Praça da República
Tel: 268 622 236
Aberto de segunda a sexta das 9h às 17h30. Nos fins de semana e feriados, das 10h às 12h30 e das 14h às 17h30. No verão, o horário de fechamento é mais tarde, sujeito a confirmação

Estremoz

Centro Cultural
Av. De Santo António
Tel: 268 084 755
Aberto diariamente das 10h às 13h e das 14h às 18h. Fechado nos feriados

Évora

Praça do Giraldo, 73
Tel: 266 777 071 (Michelin: 266 702 671)
e-mail: cmevora.dpt@mail.evora.net
Aberto diariamente das 9h às 18h. No verão, fecha às 19h. Fechado dias 1º de janeiro, 25 de abril e 1º de maio
Mais informações podem ser obtidas da Região de Turismo de Évora: Rua de Aviz, 90
tel: 266 730 440
e-mail: rtevora@mail.telepac.pt
www.visitevora.pt

Marvão

Largo de Sta. Maria
Tel: 245 909 130
Aberto diariamente das 9h às 12h30 e das 14h às 17h30. No verão abre de segunda a sexta das 9h às 19h, e nos fins de semana e feriados, das 9h às 12h30 e das 14h às 19h

Monsaraz

Largo D. Nuno Álvares Pereira, 5
Tel: 266 557 136
Aberto diariamente das 9h30 às 12h30 e das 14h às 17h30

Nisa

Praça da República
Tel: 245 412 457
Aberto de segunda a sexta das 9h30 às 12h30 e das 14h às 17h30. Aos sábados, abre das 10h às 13h. No verão, o horário é diferente, deve ser confirmado

Portalegre

Av. da Extremadura Espanhola, 1A
245 300 770
Aberto de segunda a sexta das 9h às 12h30 e das 14h às 17h30

Redondo

Museu do Vinho
Praça da República
Tel: 266 909 100

Aberto de terça a sexta das 10h às 12.30h e das 14h às 18h. Nos fins de semana e nos feriados, abre das 10h às 13h e das 15h às 18h. No verão fecha às 20h

Reguengos de Monsaraz

Rua 1º de Maio
Tel: 266 508 040
Aberto de segunda a sexta, das 9h às 12h30 e das 14h às 17h30. Nos fins de semana e feriados, abre às 10h

Vila Viçosa

Praça da República, 34
Tel: 268 881 101
Aberto diariamente das 9h30 às 12h e das 13h às 18h. Confirmar horário de verão

Horários

O comércio em geral está aberto das 9h às 13h e das 15h às 19h. Aos sábados, fecha às 13h, embora no mês de dezembro possa eventualmente abrir à tarde, das 15h às 19h. Não abre aos domingos.

Os restaurantes funcionam em geral entre as 12h e as 15h e entre as 19h e as 22h.

Os museus, igrejas e monumentos de visitação costumam funcionar entre as 9h e as 12h30 e depois do almoço entre as 14h e as 17h30. Não costumam abrir às segundas-feiras, e muitos também aos domingos. Melhor checar antes os horários do que pretende visitar.

Os bancos abrem de segunda a sexta, das 8h30 às 15h.

Câmbio e Compras

No Alentejo, o uso do cartão de crédito não é disseminado. Fora hotéis, restaurantes e algumas lojas maiores, em grande parte dos estabelecimentos aceita-se apenas o cartão Multibanco, que é o de débito automático de conta bancária em Portugal. Mas nas caixas Multibanco, espalhadas em frente aos bancos em todo o país, podem-se retirar euros na quantia autorizada pelo banco emissor do cartão de crédito. Os cartões de crédito portugueses autorizam a retirada de 200 euros diários. Pode-se fazer câmbio nos três aeroportos internacionais (Lisboa, Porto e Faro).

O cidadão não residente na União Europeia tem direito ao reembolso do IVA (imposto sobre o valor acrescentado), desde que saia do país nos três meses posteriores à compra. O reembolso equivale a 10.5% ou 12% do valor das compras acima de 59,36 euros, efetuadas na mesma loja e no mesmo dia. O reembolso é feito nos aeroportos, em numerário, cheque internacional ou através de cartão de crédito, relativo às mercadorias declaradas na alfândega e com apresentação do passaporte.

O aluguel de carros pode ser feito nos aeroportos e nos terminais de transporte internacional das Estações de Caminhos de Ferro Portugueses. Nas principais localidades, também existem serviços de aluguel de automóveis sem chofer. É necessária a apresentação de passaporte, carteira de motorista válida há mais de um ano e idade mínima entre 21 e 25 anos, segundo as condições de aluguel de cada empresa. Lembre-se que nos carros a diesel a despesa com combustível será bem mais em conta.

Auto Escape: 0 800 920 940 / www.autoescape.com

Avis: 0 800 201 002 / www.avis.com.pt

Budget: 213 830 895 / www.budgetportugal.com

Europcar: 219 407 790 / www.europcar.pt

Se preferir alugar carro com motorista, sugiro algumas opções:

Sr. Amândio: 964 044 434 / 219 314 314 (Lisboa)

Sr. Oliveira: 932 322 276 (táxi em Lisboa)

Sr. Luís: 967 877 061 (táxi em Arraiolos)

Sr. Manoel: 917 260 044 (táxi em Vimieiro)

Se viajar de carro, atenção para o fato de que a maioria das autoestradas portuguesas tem pedágio. As indicações de Via Verde são apenas para os veículos assinantes.

Se quiser viajar de ônibus, consulte a Rede Nacional de Expressos (tel: 707 223 3454 /www.rede-expressos.pt). Se preferir viajar de trem, consulte os Caminhos de Ferro Portugueses (tel: 808 208 208 /www.cp.pt).

Acidentes e Emergências

Em caso de acidente ou emergência, a qualquer hora do dia ou da noite, disque 112. Este é o número nacional de socorro.

O Automóvel Clube de Portugal (ACP) tem assistência médica, jurídica e técnica durante 24 horas, mesmo para estrangeiros. O telefone é: 707 509 510.

Fora do horário comercial, há sempre uma farmácia com atendimento 24 horas por dia. Todas as localidades costumam ter um centro de saúde para primeiros socorros. No trajeto selecionado neste livro, há hospitais em Évora (266 740 100), Elvas (268 637 600) e Portalegre (245 301 000).

Telefones

Para informações de números nacionais, disque 118.

O telefone de apoio ao turista é 808 781 212.

Os telefones listados neste livro já têm o código da cidade. Se ligar do exterior, o código de Portugal é 351.

Este livro foi composto na tipologia Minion, em
corpo 11,5/16, e impresso em papel off-set 90g/m²
no Sistema Cameron da Divisão Gráfica da
Distribuidora Record.